JIYU CHANYE JINGZHENG QINGBAO DE TAOCI CHANYE JINGZHENG CELUE YANJIU

景德镇国家陶瓷文化传承与创新研究丛书

● 李欣蔚 著

基于产业竞争情报的陶瓷产业竞争策略研究

华中科技大学出版社
http://press.hust.edu.cn
中国·武汉

内 容 提 要

陶瓷产业作为具有悠久历史和深厚文化底蕴的行业,在全球范围内一直占据着举足轻重的地位。本书旨在通过全面、深入的分析,探讨陶瓷产业的发展历程、供应链构成、市场竞争态势、技术创新动态、区域分布特征、产业政策环境以及企业战略布局,从而预测其未来的发展趋势。本书不仅构建了一个全面的陶瓷产业分析框架,而且通过对各个方面的深入剖析,为相关企业制定战略、政府部门制定政策提供了实证依据和理论指导。同时,对于学术界和行业观察者来说,本书也有助于他们更好地理解陶瓷产业的复杂性和动态性,能够为他们未来的研究方向提供参考。

图书在版编目(CIP)数据

基于产业竞争情报的陶瓷产业竞争策略研究/李欣蔚著. -- 武汉:华中科技大学出版社,2024.11. --(景德镇国家陶瓷文化传承与创新研究丛书). -- ISBN 978-7-5772-1405-4

Ⅰ. F426.71

中国国家版本馆CIP数据核字第2024HV3111号

基于产业竞争情报的陶瓷产业竞争策略研究   李欣蔚 著
Jiyu Chanye Jingzheng Qingbao de Taoci Chanye Jingzheng Celüe Yanjiu

策划编辑:王雅琪
责任编辑:胡弘扬 聂筱琴
封面设计:廖亚萍
责任校对:李 琴
责任监印:周治超

出版发行:华中科技大学出版社(中国·武汉)   电话:(027)81321913
          武汉市东湖新技术开发区华工科技园   邮编:430223
录   排:孙雅丽
印   刷:武汉市洪林印务有限公司
开   本:710mm×1000mm   1/16
印   张:12
字   数:211千字
版   次:2024年11月第1版第1次印刷
定   价:69.80元

本书若有印装质量问题,请向出版社营销中心调换
全国免费服务热线:400-6679-118   竭诚为您服务
版权所有   侵权必究

前言 FOREWORD

  随着全球化竞争的加剧，陶瓷产业在追求发展的道路上面对着前所未有的挑战与机遇。如何使陶瓷企业在复杂多变的市场环境中保持竞争优势，成为陶瓷行业研究的焦点。竞争情报的收集与分析是陶瓷企业战略决策制定的重要环节，直接关系到陶瓷企业能否快速响应市场的变化，进而制定出有效的竞争策略。

  本书深入探讨了陶瓷产业的发展历程与现状，通过对陶瓷产业竞争格局的分析，揭示了其竞争优势与劣势，并针对性地提出了行之有效的竞争情报收集与分析方法。在此基础上，本书对陶瓷产业的竞争对手情报进行了系统分析，进而深入剖析了市场需求情报的多维度结构。本书体现了对陶瓷产业技术创新态势和发展趋势的深刻理解，因而能够为陶瓷产业内企业的持续发展和竞争力提升提供科学的决策参考。本书提出了一系列切实可行的竞争策略，旨在为陶瓷产业的可持续发展奠定坚实的理论和实践基础。通过系统的文献回顾与市场分析，本书发现陶瓷产业在经历了长期的发展之后，已形成了较为稳定的竞争格局。在这一过程中，不同企业和不同地区的发展不平衡现象逐渐显现，竞争优势与劣势的差异化特征愈加凸显。为应对这一挑战，本书提出了一整套科学的情报收集与分析方法，不仅包括对传统的市场需求和技术发展的监测，还包括对竞争对手的动态追踪与行为预测。

  在实证研究方面，相关研究者通过对大量的陶瓷企业的深入调研，系统梳理了市场需求情报的关键指标，并结合行业内部数据，对技术创新趋势进行了预测和分析。相关研究结果表明，创新是推动陶瓷产业发展的核心动力，而对市场需求的敏锐洞察则是陶瓷企业制定有效竞争策略的先决条件。

  综上所述，本书全面系统地分析了陶瓷产业的竞争现状和发展趋势，更重要的是,本书提供了一套行之有效的竞争情报分析框架,这对于指导陶瓷企业制定精准的市场策略、提升竞争力具有重要的理论和实践意义。

  本书最终得出如下结论:陶瓷产业要想在日益激烈的市场竞争中立于不败之地,必须不断强化技术创新能力,同时,要积极构建高效的竞争情报分析体系,以确保持续捕捉市场动态,并快速做出准确的决策。

李欣蔚

2024 年 5 月

目录 CONTENTS

第一章 绪论 1
    第一节 产业竞争情报的相关概念 1
    第二节 国内外产业竞争情报研究综述 2

第二章 国内外陶瓷产业竞争现状研究 11
    第一节 全球陶瓷产业现状分析 11
    第二节 国内陶瓷产业现状分析 21

第三章 陶瓷产业内外部竞争环境分析 31
    第一节 内部竞争环境 31
    第二节 外部竞争环境 36

第四章 陶瓷产业竞争情报的发展现状与挑战分析 45
    第一节 陶瓷产业的发展历程与现状 45
    第二节 陶瓷产业的竞争格局分析 47
    第三节 陶瓷产业的竞争优势与劣势 50
    第四节 陶瓷产业的竞争情报收集与分析方法 55
    第五节 陶瓷产业的竞争对手情报分析 58
    第六节 陶瓷产业的市场需求情报分析 61
    第七节 陶瓷产业的技术创新与发展趋势 64
    第八节 陶瓷产业的竞争策略与对策 67

第五章 陶瓷产业竞争的博弈分析 72
    第一节 陶瓷产业概况与发展趋势 72
    第二节 陶瓷产业竞争格局分析 75
    第三节 陶瓷产业竞争策略分析 79
    第四节 陶瓷产业竞争博弈模型构建 83

第五节　陶瓷产业竞争策略选择、优化与管理　86

第六章　竞争情报研究　91
　第一节　竞争情报相关概念定义　91
　第二节　国内外竞争情报的发展概况　96
　第三节　产业竞争情报的意义与作用　101
　第四节　产业竞争情报的运行模式与应用研究　102
　第五节　未来竞争情报的规划与发展　103

第七章　陶瓷产业竞争情报研究　106
　第一节　国内外陶瓷产业现状分析　106
　第二节　陶瓷产业竞争情报的意义与作用　108
　第三节　关于产业技术创新的竞争情报研究　114

第八章　产业竞争策略选择　117
　第一节　产业竞争策略选择的意义　117
　第二节　相关策略研究　118
　第三节　推进景德镇陶瓷产业发展的相关策略　121

第九章　数字化时代下的竞争策略　129
　第一节　数字化发展与竞争策略研究　129
　第二节　陶瓷产业的竞争策略　131

第十章　陶瓷产业竞争策略研究　140
　第一节　陶瓷产业竞争力　140
　第二节　陶瓷企业竞争战略研究　151
　第三节　陶瓷产业发展战略案例研究　156
　第四节　高科技陶瓷产业战略　158

第十一章　景德镇陶瓷产业的竞争策略研究　159
　第一节　景德镇陶瓷产业的竞争策略背景　159
　第二节　景德镇陶瓷产业策略研究　163
　第三节　景德镇陶瓷产业转型升级　171

参考文献　177

第一章 绪 论

第一节 产业竞争情报的相关概念

1986年,美国成立了一个全新的行业组织——竞争情报从业者协会(Society of Competitive Intelligence Professionals,SCIP),它的出现无疑是现代竞争情报行业发展的一个重要里程碑。这个协会的成立,标志着竞争情报从此不再是一个边缘的或者模糊的概念,竞争情报行业开始迈向专业化、系统化的发展道路。SCIP的出现,为全球竞争情报领域注入了新的活力。在SCIP的引领下,竞争情报的理念得到了广泛的传播和深入的探讨。越来越多的企业和机构开始认识到竞争情报的重要性,将其纳入自身的战略体系,使其成为决策制定的重要依据。随着全球经济的不断发展,市场竞争日益激烈,竞争情报的价值也日益凸显。竞争情报不仅能够帮助企业和机构了解竞争对手的动态,分析市场趋势,还能够为他们提供关于潜在机会和风险的洞见。这些洞见对于企业制定竞争策略、优化资源配置、提升竞争力具有重要意义。因此,自SCIP成立以来,竞争情报行业在全球范围内得到了迅速的发展,例如,美国,以及欧洲、亚洲等地区的竞争情报行业呈现出蓬勃发展的态势。越来越多的专业人士加入这个领域,他们共同推动竞争情报的研究和应用不断深入。总的来说,SCIP的成立标志着现代竞争情报行业开始进入专业化、系统化的新阶段。在SCIP的引领下,竞争情报系统成为现代商业竞争中的重要工具。

如今,经济全球化不断推进,产业不再局限于在一国或一地发展,而是逐渐形成了跨国界、跨行业的庞大集合体。在这个广阔的舞台上,无数企业紧密相连,共同构成了包含各类产业的生态圈。产业的健康快速发展,不仅关乎企业的成长,还直接关系到国家经济的整体繁荣和国际竞争力的提升。在全球性产业竞争不断加剧的形势下,各种生产要素,如资本、技术、人才等,正以前所未有的速度汇聚在一起，共同推动产业的快速发展。这种趋势使得产业化成为产业发展的必经之路，产业可以通过深化分工、优化资源配置、提升技术水平等方式，不断提升综合实力和核心竞争力。在这种背景下，产业竞争情报的研究显得尤为重要。产业竞争情报不仅可以帮助企业更好地了解行业发展趋势、掌握竞争对手动态，还可以为企业制定科学合理的发展战略提供有力支持。同时，产业竞争情报研究也是产业界参与国际竞争、实现自身发展的重要工具。通过对全球产业格局、市场变化、政策环境等方面的深入分析，产业界可以更加准确地把握国际市场的脉动，从而更好地适应全球产业的发展趋势。因此，加强对产业竞争情报的研究是十分必要的。未来，随着全球经济一体化程度的进一步加深和科学技术的不断进步，产业竞争情报研究的重要性将更加凸显。我们需要不断探索和创新，建立起更加完善的产业竞争情报体系，为产业的繁荣发展提供有力保障。

第二节　国内外产业竞争情报研究综述

一、国外产业竞争情报研究现状

为获得国外产业竞争情报研究的相关数据，编者利用Elsevier的外文期刊数据库ScienceDirect的篇名检索，将检索词设定为Competitive Intelligence，以2014年1月1日至2024年1月1日为检索年限进行检索，检索得到文献94篇。编者仔细研读了这些文献，并进行了归纳总结，得出了如下结论：在国外，"产业竞争情报"这一名词尚未被明确提出，更没有关于产业竞争情报理论的深入研究。虽然"产业竞争情报"这一专业术语在国外尚未获得正式的定义与认可，但是不容忽视的是，有研究者致力于结合其他技术领域对竞争情报进行研究，力求从更为宏观的行业或产业层面来开展深入而细致的竞争情报分析。如此看来，虽然国外学术界在产业竞争情报的概念界定上存在一定的空白，但是研究者的探索与实践却在悄然推动着该领域的发展。近十年来，国外学者侧重于对竞争情报的理论研究，对竞争情报在企业应用方面的作用也进行了分析。

Ben Sassi、Dhekra等认为竞争地位与竞争情报活动的强度存在关联，他们以西班牙中小型企业为研究对象，试图分析出口企业与非出口企业之间存在的差异，并从一份贸易企业名单中抽取425家企业进行问卷调查,结果表明,出口企业与非出口企业在竞争情报活动强度上存在显著差异,这取决于它们的竞争能力,而且越来越多的公司建立了正式的竞争情报相关程序。Drissi、Zineb主要探讨摩洛哥出口商在商业情报领域的行为,以及商业情报是如何推动决策的制定的。

总之,通过对国外产业竞争情报研究进行分析,我们可以发现,国外没有明确提出"产业竞争情报"的概念,但早就提出了Competitive Intelligence的概念,并围绕竞争情报对中小型企业的影响及竞争情报在中小型企业中的应用展开了分析研究。

二、国内产业竞争情报研究现状

(一) 我国产业竞争情报研究检索

为获得我国产业竞争情报研究的相关数据,编者利用中国知网(CNKI)数据库的主题检索,将检索词设定为"产业竞争情报",以2014年1月1日至2024年1月1日为检索年限进行检索。

经过初步的检索,编者获取了195篇相关文献。为了确保研究结果的准确性和有效性,编者对这些文献进行了去重和严格的筛选。首先,编者仔细标记并剔除了重复发表和重复收录的文献,以避免数据的重复计入。接下来,编者排除了题录汇总、征稿启事、会议通告等无实质性意义的文献,这些文献虽然与主题相关,但并未提供实质性的研究内容,因此不适合作为本书的研究对象。经过上述去重和筛选的步骤后,编者最终确定了188篇文献为本书的研究对象。这些文献中,期刊和会议论文占据了绝大多数,共计166篇,而硕博学位论文则为22篇。这些文献来源广泛,为编者的研究提供了丰富多样的数据和观点。为了更深入地分析这些文献,编者使用了中国知网数据库的文献计量分析功能,获得了年发文量、作者分布、机构分布及文献来源等方面的统计数据。这些数据为我们揭示了该领域的研究趋势、主要研究者及其所属机构,以及文献的主要来源,为编者后续的研究提供了重要的参考依据。在获取了这些统计数据后,编者又进行了人工核验,通过仔细比对和核实,编者确保了每一项数据的准确性和有效性。最后,为了更直观地展示这些数据的分布和变化趋势,编者利用中国知网数据库的可视化功能绘制了一系列的可视化图表。这些图表包括折线图、柱状图、饼图等多种类型,能够清晰地展示相关文献发文量的年度变化趋势、发文作者和发文机构的分布情况，以及文献来源的构成等信息。这些图表不仅为编者的研究提供了有力的支撑，同时也有助于他人理解和应用本书的内容。

1. 发文量的年度变化趋势

在过去的10年间（2014—2023年），我国产业竞争情报研究领域的发展态势呈现出一定的波动性。据统计，在此期间，相关文献发表数量共计188篇。为了更直观地反映这一领域的研究发展趋势，我们将这些文献按照年度进行分类统计，并绘制出相应的趋势图（见图1-1）。通过观察趋势图，我们可以发现，2014—2017年，我国产业竞争情报研究的年度发文量虽不高，但总体上呈现出一种曲线上升的趋势。在此期间，研究者们对该领域的关注度逐渐提高，相关研究也逐渐深入。然而，从2017年开始，年度发文量突然急剧下降，2018—2023年，该领域的年度发文量一直在10篇左右徘徊，呈现出相对稳定的态势。这一现象表明，我国产业竞争情报研究的热度相较前几年明显减退，研究力量在一定程度上受到了影响。对此，我们有理由担忧，产业竞争情报研究在我国的发展可能已经进入了一个低谷期。未来，如何重新激活这一领域的研究活力，加强产业竞争情报在我国产业经济发展中的作用，将成为学术界和业界共同面临的挑战。

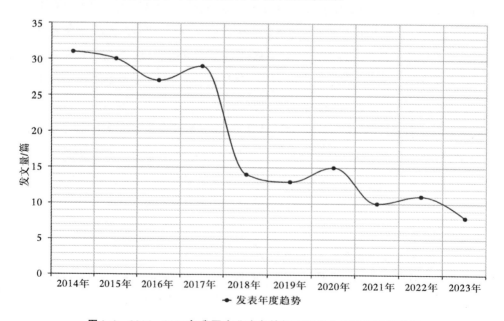

图1-1　2014—2023年我国产业竞争情报研究发文量的年度趋势图

2. 发文作者分布

2014—2023年我国产业竞争情报研究领域作者分布的态势以及影响力变化存在一些鲜明特征。此间，众多学者积极投身于这一领域的研究，他们的贡献通过发文量得到了直观的体现。从统计数据来看，发文量累计达到3篇和5篇的作者占比较大，表明在这一领域中有着相当一部分稳定的研究者。当我们把关注点放到发文量最高的学者时，可以发现，陈锋和王晓慧的名字出现的次数较多，特别是陈锋，他的发文量达到了21篇，远超其他研究者。此外，我们还需要注意到，被引次数最多的文章是谢润梅和陈峰共同撰写的《在线教育企业基于竞争态势分析制定竞争战略研究——以A企业为例》。这篇文章自发表以来，便受到广大读者的关注与引用，累计被引次数高达84次，年均被引次数超过10次。同时，这篇文章还发表在了CSSCI来源期刊及中文图书馆学情报学类核心期刊《情报杂志》上，这进一步提升了其学术影响力。此外，高发文量的作者与文章被引次数最多的作者的重合现象，也揭示了陈峰、谢润梅等学者在我国产业竞争情报研究中的重要地位。他们凭借深厚的学术积淀和敏锐的研究洞察，为我国产业竞争情报研究注入了新的活力，并产生了深远的影响。

综上所述，我国产业竞争情报研究领域在近年来取得了显著进展，涌现出了一批优秀的学者，他们推动了该领域的学术进步和实践发展，为我国产业竞争情报事业的发展奠定了坚实基础。

3. 发文机构分布

2014—2023年的产业竞争情报研究机构发文量累计排名前五的分别是中国科学技术信息研究所、吉林大学、辽宁师范大学、湖南省科学技术信息研究所以及北京市科学技术情报研究所，共计发表70篇论文，表现出较高的研究活跃度。其中，中国科学技术信息研究所以28篇的发文量位居榜首，展现了其在产业竞争情报研究领域的领先地位；吉林大学、辽宁师范大学和湖南省科学技术信息研究所均为11篇的发文量，并列第二；北京市科学技术情报研究所的发文量为10篇，体现了我国首都的科技情报单位在产业竞争情报研究领域的重要地位。相较而言，其他机构的发文量较少。这一现象说明，我国产业竞争情报研究的核心力量主要集中在发文量排名前五的科技情报研究机构，它们不仅为我国产业竞争情报研究提供了有力的学术支持，还在实践中为政府、企业和社会各界提供了宝贵的决策参考。

4.文献来源分析

2014—2023年,产业竞争情报研究领域在中国得到广泛关注。其间,共有20家单位对这一领域进行了深入研究,其中包括17家杂志社,以及3所高校。这些单位共发表了183篇相关文献,其中杂志社贡献了171篇,而高校则贡献了12篇。其中,《情报杂志》《竞争情报》《情报理论与实践》三个期刊文献数量合计超过了全部相关文献数量的50%。这充分显示,在我国产业竞争情报研究领域中,有一支核心研究队伍由这些科技情报研究单位所构成。它们研究质量较高,对整个领域的发展起到了引领作用。

(二)我国产业竞争情报研究内容分析

根据中国知网数据库检索到的文献可知,近十年,国内学者关于产业竞争情报的研究方向主要为产业内部的应用研究与分析。

金泳锋为了深入探究中国矿用风机产业的专利与技术发展态势,充分利用了上海知识产权(专利信息)公共服务平台这一资源宝库。他不仅对矿用风机产业的专利信息进行了全面且细致的检索,还将收集到的信息整合成一个详尽的数据库。在此基础上,他巧妙地运用了产业技术竞争情报的理论和方法,从多个维度进行了实证分析。他深入剖析了矿用风机产业专利的年度申请量,以此洞察相关技术发展的速度与趋势;同时,他也关注了专利申请人和发明人的情况,揭示了技术竞争的主体和力量分布。此外,他从生命周期的角度,分析了矿用风机技术的成熟度和未来发展方向。通过这一系列深入的分析,金泳锋不仅揭示了中国矿用风机产业的技术发展历程、技术竞争主体、技术竞争领域和技术竞争环境,还为该产业的技术创新和专利布局提供了宝贵的建议。他的研究丰富了产业技术竞争情报的理论体系。

高畅等人将产业竞争情报理论引入产业风险预警工作,他们明确指出,产业竞争情报在产业风险预警中扮演着举足轻重的角色。他们不仅深入剖析了产业竞争情报在风险识别与预警指标体系建立、风险预警运行机制构建等方面的具体应用,还通过实际案例展示了其在实际工作中的作用。他们的研究为产业风险预警工作提供了新的视角和方法论,有助于产业界更加有效地识别风险、防范风险,确保产业的稳健发展。

郑惠中则针对我国房地产业的竞争情报需求进行了深入的研究。他首先分析了房地产业竞争情报需求的基本特点,然后探讨了影响这些需求的各种因素。

在此基础上,他进一步剖析了房地产业竞争情报的具体应用,包括如何收集、整理和分析竞争情报,以及如何利用这些竞争情报来指导企业的决策和战略制定。他的研究有助于房地产业企业更好地了解市场动态和竞争态势。

以上这些研究者分别从不同角度深入探讨了产业竞争情报的应用和价值。他们的研究不仅丰富了产业竞争情报的理论体系,也为相关产业的发展提供了有力指导。

刘俊卿从产业竞争情报的角度,运用市场分析、专利分析、综合竞争力分析等竞争情报的分析方法,对云南省竹产业各领域的竞争环境和综合竞争力进行了比较分析。

2016年,有些学者开始利用产业竞争情报相关理论研究战略性新兴产业。

申红艳等人在区域战略性新兴产业的风险评估领域,引入了产业竞争情报相关理论,进行了创新研究,为区域战略性新兴产业的风险评估提供了新的视角和方法,也标志着竞争情报在战略性新兴产业中的应用达到了新的高度。在深入讨论产业竞争情报在区域战略性新兴产业风险评估中的关键作用时,申红艳等人对产业竞争情报的定义、特点及其在风险评估中的应用方式进行了阐述。他们指出,产业竞争情报的应用是指获取、整理和分析产业发展过程中涉及的各类信息,通过深入研究产业自身的优劣势、产业环境的变化以及竞争对手的动态,为产业决策提供依据。在风险评估中,产业竞争情报能够帮助我们识别潜在风险,评估风险的大小和影响,为产业对风险的防范和应对提供有力支持。申红艳等人分析了政府主导的区域战略性新兴产业在发展中面临的风险因素。他们指出,这些风险因素包括市场需求的不确定性、技术创新的难度、产业政策的调整等,这些因素都可能给产业的发展带来潜在的风险。为了有效应对这些风险,需要进行深入的风险评估,以便及时发现风险并采取相应的应对措施。在此基础上,申红艳等人进一步探讨了区域战略性新兴产业风险评估对于产业竞争情报的需求。他们提出,进行准确的风险评估,需要获取全面、深入的产业竞争情报,这包括产业自身的发展状况、产业环境的变化趋势以及竞争对手的动态和策略等。通过对这些信息的分析,我们可以更加准确地评估产业的发展前景和风险状况。基于上述讨论,申红艳等人从产业自身维度、产业环境维度和竞争对手维度出发,构建了一个三维风险评估框架。这一框架将产业竞争情报与风险评估相结合,形成了一个完整的风险评估体系。结合这个框架,我们可以系统地分析产业发展的各个方面,从而更加准确地评估产业的风险状况。最后,申红艳等人利用该风险评估框架对北京市新能源汽车产业进行了具体的风险评估。他们通过对该产业自身的研发实力、生产能力、市场份额等方面的分析,评估了该产业的发展基础和潜力;通过对政策环境、市场环境等方面的分析,评估了该产业的发展环境和发展面临的挑战;通过对国内外竞争对手的分析,评估了该产业的竞争状况和风险点。通过这些分析,他们得出了北京市新能源汽车产业的风险评估结果,并提出了相应的风险防范和应对建议。这一研究不仅丰富了区域战略性新兴产业风险评估的理论体系,也为实践中的风险评估工作提供了有益的参考。

刘帅利用情报学、管理统计学、协同学等学科的理论和方法,以战略性新兴产业、产业竞争情报服务的基本理论和方法为基础,对相关影响因素进行实证分析,构建了新型集成的安徽省战略性新兴产业竞争情报服务模式,并提出了相应的保障体系。

卜焕林分析了建立面向地方战略性新兴产业的竞争情报服务平台的重要性,初步构建了一个以扬州市LED产业内企业群体和政府部门为服务对象的产业情报服务平台,并详细介绍了该平台的功能定位、基本架构和服务方式。

2019年起,国内学者开始利用产业竞争情报相关理论研究稀有金属能源产业。

黄亦辉以某省有色产业竞争情报中心的相关合作为样本,分析该省级竞争情报中心为有色行业提供的竞争情报服务的内容及方式,详细介绍了竞争情报服务的实际意义,对科技信息机构为产业提供竞争情报服务起到了参考作用。

代梦玲将产业竞争情报理论与区域重点产业发展相结合,将钛合金材料产业作为研究对象开展产业竞争情报分析。

钟世彬以全面且细致的视角,对云南锡金属产业的竞争情报进行了深入剖析。他运用了产业链分析法,以揭示该产业的各个环节及其相互关系;利用PEST分析法,深入剖析了云南锡金属产业所处的政治、经济、社会和技术环境;利用财务分析法,精确分析了该产业的财务健康状况和盈利能力;利用竞争对手分析和对比分析法,展现云南锡金属产业在全球化背景下的竞争态势及其与同行之间的差异。在这一系列严谨的研究方法的指引下,钟世彬选取云南锡金属产业的代表性企业——云南锡业股份有限公司作为重点调研对象,将理论分析与该企业的实际情况相结合,深入剖析了该企业在产业发展中的地位和作用。通过对云南锡业股份有限公司的实证研究,钟世彬不仅深化了对云南锡金属产业内外部环境的理解,还以此为基础,针对云南锡金属产业的全球竞争需求提出了富有前瞻性和操作性的竞争战略建议。钟世彬的研究,为云南锡金属产业的发展提供了有力的理论支撑和实践指导。

韩海燕通过专利竞争情报分析株洲硬质合金(碳化钨)产业的内外部环境以制定符合其发展的战略方案,该方案对株洲硬质合金(碳化钨)产业进一步转型升级及高质量发展具有十分重要的意义。

此外,还有一些围绕产业竞争情报的应用环境的研究,如郑荣等人的《多源数据驱动下产业竞争情报智慧服务机制研究——基于扎根理论的探索性分析》、高志豪等人的《多源数据环境下产业竞争情报智慧服务平台构建研究——以"三元世界"和CPSS理论为基础》、保罗·桑蒂利和顾洁的《颠覆性环境下实现产业增长的竞争情报模型:情报战略家的兴起》。

(三)国内产业竞争情报研究现状述评

2014—2023年,我国产业竞争情报研究领域的相关文献计量分析结果表明,尽管我国在此领域的探索已取得一定进展,但总体来说,产业竞争情报研究尚处于初期阶段。从发文量的角度看,整体数量尚显不足,且近年来呈现下降的态势,这在一定程度上反映了国内对于产业竞争情报研究的重视程度有待提高、投入力度有待加强。不过,在深入探究发文作者分布时,我们发现一个值得注意的现象:那些发文量较高的作者往往也是被引次数较多的,这一现象尤以赵筱媛、陈峰等学者为典型。他们凭借深厚的学术功底和具有前瞻性的研究视野,在我国产业竞争情报研究领域中占据重要地位,其研究成果不仅数量可观,还在质量和影响力上表现出色,对于推动该领域的发展起到了不可或缺的作用。从发文机构分布来看,科研院所和高校是产业竞争情报研究的主要力量。然而,这二者之间也存在明显的差异。科研院所侧重于产业竞争情报的实践运用,其研究成果往往更具实用性和针对性;而高校虽然发文数量相当,但缺乏高产作者,难以形成有效的研究体系,这在一定程度上影响了高校在产业竞争情报领域的研究深度和广度。至于文献的来源期刊方面,经过深入探究,我们可以发现这样一个现象:在排名前10位的期刊来源中,竟有高达6本被CSSCI收录,这一数据体现出我国产业竞争情报研究领域文献整体素质较高。这些高质量的期刊服务平台不仅为研究者提供了展示成果的平台,还为推动我国产业竞争情报研究的发展提供了有力的支持。综上所述,尽管我国产业竞争情报研究在发文量、发文机构等方面存在一定不足,但仍有不少学者和机构在努力推动该领域的发展。同时,高质量的研究文献和期刊的存在也表明我国产业竞争情报研究正朝着更高水平的发展迈进,这对于提升我国产业的竞争力、促进产业升级具有重要意义。

目前,针对陶瓷产业的竞争情报研究尚处起步阶段,尚未形成全面、系统的研究体系。陶瓷产业作为传统制造业的重要组成部分,虽然拥有悠久的历史和深厚的文化底蕴,但在当前全球化经济格局和市场竞争日益激烈的背景下,陶瓷产业面临着复杂多变的竞争环境和市场需求。陶瓷产业涉及原材料开采、生产加工、产品设计、市场营销等多个环节,为了在竞争激烈的市场环境中立于不败之地,陶瓷企业迫切需要全面了解市场动态、把握竞争对手的战略意图,并制定科学精准的发展战略,而陶瓷产业竞争情报研究正是陶瓷企业获得这些关键信息的重要途径。要想推动陶瓷产业竞争情报研究的发展,相关机构和企业必须加强合作,投入更多资源和精力,通过收集和深入分析全球范围内的产业数据、市场趋势、竞争对手动态等信息,为陶瓷企业提供更加精准和全面的决策支持。同时,这也将有助于提升我国在全球陶瓷产业中的竞争力和影响力,推动陶瓷产业的持续健康发展。

第二章 国内外陶瓷产业竞争现状研究

第一节 全球陶瓷产业现状分析

陶瓷,涵盖陶器和瓷器两大类。利用原始的材料,经过复杂的工艺流程——配料、成型、干燥与烧制,由此可以制成陶瓷,其中,黏土扮演着至关重要的角色,它经过一系列的加工变化,最终展现出陶瓷的独特魅力。陶器,是由陶土烧制而成的工艺品,历史悠久,深受人们的喜爱。而瓷器,则是由瓷土烧制而成的,其质地细腻,光泽温润,是陶瓷艺术中的瑰宝。此外,还有一种介于陶器与瓷器之间的物品,我们称之为"炻器",它同样在陶瓷领域中占有一席之地。早期的陶瓷制作,主要以黏土等原始材料为主。随着时间的推移,科技的进步为陶瓷的生产带来了更多可能性。现如今的陶瓷制作,已经不再局限于黏土等传统材料,而是更多地融入非氧化物、非硅酸盐等其他合成化合物,这些新元素的加入,使得陶瓷产品的耐高温性、强度等性能得到了显著的提升。同时,随着生产工艺的不断创新,陶瓷行业也涌现了许多新型品种与工艺,人们对陶瓷的艺术价值也有了更深入的认识。在国际舞台上,陶瓷的地位也日益提升。Ceramic 这一词已经逐渐取代 China,成为陶瓷产品的普遍称谓,原因包括:陶瓷的产地在中国;"陶瓷"已经成为代表无机非金属固体材料的一种受到广泛认可的称谓。在这样的背景下,我们可以更加深入地界定和理解陶瓷的概念。借鉴左和平(2012)的研究成果,我们可以将陶瓷看作由纯天然或人工合成的粉状化合物经过塑型等工序高温烧制而成的多晶体材料。无论是硅酸盐陶瓷还是非硅酸盐陶瓷,它们都属于这个广泛的范畴。总之,陶瓷既是一种具有深厚文化底蕴的艺术品,也是现代工业中的一颗璀璨明珠,它承载了中华民族的智慧与创造力,也见证了人类文明的发展与进步。

关于产业的概念,国内学者认为产业是具有某种共同特性的企业构成的集合或系统,因此将其定义为产品和服务为同类型、同属性或者有着较为密切的连接、替代关系的企业的集合。产业的集合构成了整个国民经济。根据产业结构的不同,产业分为广义的和狭义的,第一产业(农业)、第二产业(工业)、第三产业(服务业)为广义的产业,而石油产业、机械产业等是狭义的产业。陶瓷产业是指以生产和加工陶瓷材料为主的一系列产业部门,包括建筑陶瓷、日用陶瓷、工业陶瓷、高科技陶瓷等。陶瓷材料具有广泛的应用领域,如建筑、家居、工业、医疗、航空航天、新能源等领域。陶瓷产业涉及原料开采、配料制备、产品成型、烧成、装饰、包装等多个环节。

一、全球陶瓷产业分布格局及现状

陶器在不同的国家和地区得到不同程度的发展,各地由此形成了各具特色的陶瓷文化。从历史的长河中观察,我们可以明确地看到三大核心区域——东亚、美洲和欧洲在陶器制作与传承上的独特发展脉络。

在东亚地区,陶器制作技术以中国为发源地和发展核心。自古以来,中国的陶瓷工匠们便以精湛的手艺和创新的思维,打造出了一件件举世瞩目的陶瓷佳作。这些技艺和产品不仅在中国本土得到了广泛的传播和应用,还随着贸易与文化交流的推进,逐渐扩散至朝鲜、日本等国家,深刻影响了整个东亚地区的陶器制作风格和文化内涵。

欧洲陶瓷的发展,则是另一种文化与技艺交融的生动体现。中世纪时期,欧洲陶瓷制作受到中国和西亚国家的陶瓷技艺的双重影响。一方面,欧洲的陶艺工匠们从中国引进了瓷器的关键制作技术,为其日后的陶瓷发展奠定了坚实基础;另一方面,西亚地区的伊斯兰陶器的独特审美风格和文化内涵也影响了欧洲陶瓷的发展。在东西方陶瓷贸易的不断深化中,欧洲逐渐认识到了陶瓷的价值与魅力,并在18世纪掀起了陶瓷研制的热潮。欧洲陶瓷的发展历程,可以说是一个不断吸收与融合的过程。最初,阿拉伯人将伊斯兰陶器技艺经由西班牙传入了意大利,意大利的陶艺工匠们在此基础上加以创新和发展,形成了独具风格的锡釉花饰瓷。随后,制瓷技术又越过阿尔卑斯山脉,传入了法国,并在那里发展出了具有浓郁法国特色的锡釉软质瓷。至17世纪,荷兰以其精湛的锡釉陶工艺和独特的创意,成功仿制了中国的青花瓷和五彩瓷,赢得了全世界的赞誉。因此,我们可以说,中世纪欧洲的陶瓷艺术是在伊斯兰陶器和中国瓷器的影响下,经过数代人的努力与创新,逐渐发展壮大起来的。这一过程不仅展示了欧洲陶瓷技艺的卓越与独特,还体现了不同文化之间的交流与融合对于陶瓷艺术发展的深刻影响。

以下主要介绍亚洲和欧洲的一些国家的陶瓷产业现状。

(一)东亚陶瓷

1.朝鲜半岛陶瓷

朝鲜半岛陶瓷是在中国传入的陶瓷的影响下诞生的。朝鲜半岛在新石器时代出现篦纹土陶,公元前1000年青铜时代出现无纹土陶,100—200年出现无釉印纹陶,三国时代创制了"新罗烧",它们在世界陶瓷史上占有重要的地位。中国瓷器的传入,对朝鲜半岛的青瓷、白瓷的产生和发展具有重大的影响,朝鲜半岛的古代都城遗址中,有许多中国古代青瓷和白瓷出土。朝鲜半岛的王公贵族极力推崇中国陶瓷,从文化艺术上为中国陶瓷的输入创造了条件,为景德镇陶瓷的传播奠定了基础。

高丽王朝的建立标志着陶瓷艺术进入了新的发展纪元,表面泛出淡淡绿意的青瓷崭露头角。在这个时期,一种独特的镶嵌技法深受人们的推崇——艺术家们先在陶瓷表面刻画出各式各样的花纹,再巧妙地嵌入其他材料,形成层次分明、立体感强的画面,使得高丽青瓷成为陶瓷艺术史上的巅峰之作。

朝鲜王朝跨越了500多年,从1392年一直延续到1910年,在这个时期,陶瓷艺术又有了新的发展面貌,表面洁白如雪的白瓷和独具魅力的粉青沙器,引领了陶瓷文化的又一次繁荣。与高丽王朝时期的青瓷相比,朝鲜王朝陶瓷的花纹风格更为简洁明快,整体外观则显得更加质朴和粗犷,展现出了别样的艺术风格。陶瓷的制作技艺在朝鲜王朝也得到了传承和进一步发展,更为重要的是,这一时期的陶瓷技艺还传播到了邻国日本,对日本的陶瓷艺术产生了深远的影响。可以说,朝鲜王朝的陶瓷艺术不仅是朝鲜半岛陶瓷文化的重要代表,还对周边国家的陶瓷艺术产生了不可磨灭的影响。

总之,从高丽王朝到朝鲜王朝,每个时期都有其独特的陶瓷艺术风格,这些风格的变化和发展,展现出朝鲜半岛陶瓷深厚的历史底蕴和独特的艺术魅力。

2.日本陶瓷

日本陶瓷的发展历史可以追溯到大约1万年前,当时主要制作的是绳纹土器。奈良时代,日本开始模仿中国的唐三彩制造陶器,这一时期的陶器被称为"奈良三彩"。"奈良三彩"之后,日本近500年没有再制造陶器,这期间日本全国制造的是被称为"须惠器"的坚硬的、烧透的灰黑色土器。日本的陶艺文化有着深厚的历史底蕴和独特的发展轨迹。追根溯源，真正的陶器烧制技艺是在镰仓时代得以在日本落地生根的。这一时期，一个名叫藤四郎的濑户人从中国引入了先进的制陶技术，从此，水壶、香炉、佛具等实用而富有艺术气息的陶器制品开始在日本本土问世。这种技艺在濑户地区得到了较好的传承和发展，并逐渐对周边地区产生影响。随着时间的推移，制陶技艺在日本各地"开花结果"。到了室町时代，除了濑户、信乐、常滑、丹波、备前、越前等地也掌握了制陶技术，成为日本制陶业的重镇。这些地方所出产的陶器品质上乘，样式独特，为日本陶瓷文化的发展奠定了坚实的基础。17世纪初，日本的陶瓷技艺又有了新的发展突破。1616年，李参平成功地烧制了瓷器，这一创新标志着日本陶瓷制作技艺进入了新的发展纪元。此后，日本的陶瓷制作技艺不断精进，逐渐发展出各具特色的烧器，其中伊万里瓷器因其独特的风格和卓越的品质，不仅在日本国内深受欢迎，更是远渡重洋，在欧洲也赢得了极高的声誉。时至今日，日本的陶艺依然蓬勃发展，无论是从艺术价值还是从实用价值来看，日本的陶瓷都有着举足轻重的地位。在日本，有大量的职业陶艺家致力于传承和创新陶瓷工艺，他们的作品以精湛的技艺和独特的创意赢得了全球消费者的青睐。此外，日本的日用陶瓷在国际市场上也有着强大的竞争力，尤其是在中高档市场中，占据了相当大的份额。同时，日本在陶瓷材料科学领域的研究也取得了世界领先的成果，特别是在高科技陶瓷材料的开发和应用上，日本展现了强大的科研实力和创新能力，为全球陶瓷产业的发展贡献了重要力量。这些成就不仅证明了日本陶艺文化的深厚底蕴，还展示了日本在陶瓷制作技艺方面的持续创新和卓越追求。

（二）欧洲陶瓷

约在8世纪末，中国的精美瓷器开始走向世界，这标志着东西方陶瓷文化的交流与融合的开始。随着时间的推移，到了14世纪末，叙利亚的陶瓷工匠们已经能够仿制出中国的青花瓷，这无疑体现了中国瓷器工艺的独特魅力与深远影响。在13世纪至14世纪的中国，中国瓷器进一步传播至欧洲大陆。这些来自东方的艺术品立即受到了欧洲人的热烈追捧，众多生产厂家纷纷尝试仿制，然而，尽管他们不懈努力，但仿制的过程并不顺利，始终未能真正达到中国瓷器的技艺高度。进入16世纪，欧洲陶瓷工匠们开始探索新的制作工艺。他们尝试使用碎玻璃粉作为熔剂来配制瓷器坯料，希望以此获得更好的透明度和质感。然而，此后的很长一段时间内，他们主要生产的仍然是软质瓷，其相关技艺与中国硬质瓷的精湛技艺相比仍有不小差距。随着科学技术的不断进步，17世纪末到18世纪初，德国的萨克森地区，希恩豪斯与一批化学家共同对中国瓷器展开了深入的研究。他们发现，使用长石粉取代玻璃粉作为熔剂，可以成功制出与中国瓷相似的硬质瓷。这一突破性的发现，使得欧洲陶瓷制造业开始进入新的发展阶段。18世纪，欧洲各国如法国、德国、英国、意大利、西班牙等纷纷建立起瓷器工厂，积极投入生产。19世纪初，斯博德创新性地将动物骨粉掺入硬质瓷坯料，创造了外观与质量都堪称卓越的骨瓷，这一事件无疑是欧洲陶瓷制造业发展史上的又一里程碑。在短短的几个世纪里，欧洲瓷器制造业经历了从仿制到创造并逐渐发展壮大的过程。如今的欧洲，不仅拥有像意大利和西班牙这样的"瓷砖王国"，还有以德国、瑞士、荷兰、葡萄牙等国为代表的生产卫生洁具的陶瓷工业强国。这些国家的传统陶瓷工业之所以能够保持强大的生命力，关键在于他们不断推动生产工艺和产品的创新。欧洲陶瓷机械设备更是以其高品质和先进性闻名于世，畅销全球各地。同时，全球最著名的陶瓷品牌也大多来自欧洲，这些品牌不仅代表了欧洲陶瓷制造业的辉煌成就，也为全球陶瓷文化的发展做出了重要贡献。

综上所述，欧洲陶瓷制造业的发展历程是一部充满探索、创新的史诗。从最初的模仿与尝试，到后来的突破与创新，欧洲陶瓷工匠们以其卓越的技艺和不懈的追求，推动了全球陶瓷文化的发展，为后世留下了丰富的文化遗产。

1. 西班牙陶瓷

西班牙陶瓷，以其精湛的技术、巧妙的设计和较高的品质，在世界陶瓷产业中颇负盛名。截至2024年4月，西班牙共有陶瓷企业121家。时间回溯至2000年，那时西班牙陶瓷产业的产量高达6.21亿平方米，同比增长3%，西班牙陶瓷产量稳稳占据了全球市场份额的15%，成为欧盟中陶瓷产量极高的国家之一，占据欧盟陶瓷市场份额的42%，成为全球陶瓷生产和出口的重要支柱。而西班牙陶瓷的魅力，不仅在于其规模的宏大，还在于其产品种类的繁多。无论是服务于日常生活的实用陶瓷，还是用于装点家居空间的装饰陶瓷，均展现出了多样的面貌与风格。西班牙陶瓷主要产品包括墙砖、地砖、釉瓷、青瓷、陶瓦、马赛克（陶瓷锦砖）等，同时还生产各式装饰瓷和配件，可以满足不同客户的需求。西班牙陶瓷工业牢牢把握国际市场的脉搏，承担了一部分加工业务，展现出了较强的适应市场的能力。

2. 意大利陶瓷

意大利陶瓷的历史可以追溯到公元前8世纪,当时古希腊殖民者将陶瓷工艺引入意大利南部。然而,真正意义上的意大利陶瓷工艺的发展始于文艺复兴时期。在这一时期,意大利艺术家对古罗马陶瓷工艺的研究和借鉴,使得意大利陶瓷工艺开始繁荣起来。16世纪,佛罗伦萨成为意大利陶瓷工艺的发展中心。当时的陶瓷工匠们开始运用彩绘技术,制作出精美绝伦的陶瓷作品。这些作品既具有艺术价值,又具有实用功能。17世纪,陶瓷工艺逐渐向威尼斯和其他城市传播,各地的陶瓷工匠们开始发展自己的独特风格和技术。18世纪是意大利陶瓷工艺发展的黄金时期。当时的意大利陶瓷以瓷质精细、色彩鲜艳、线条优美而著称。著名的卡普阿蒂陶瓷厂在这一时期诞生,并成为意大利陶瓷工艺的代表。此外,那不勒斯和西西里岛等地也出现了一批优秀的陶瓷厂家,他们的作品更加注重细节和装饰性。

随着工业革命的到来,意大利陶瓷工艺也经历了一系列的变革。19世纪,陶瓷工艺逐渐从手工制作转向机械化生产。这使得陶瓷制品实现大规模生产,生产效率大大提高,同时也降低了成本。然而,在这一时期,一些传统的陶瓷工艺逐渐失传。

20世纪,随着科技的进步,意大利陶瓷工艺迎来了又一次技术创新的浪潮。陶瓷釉料的研发和应用使得意大利陶瓷的质量和外观得到了极大的提升。同时,陶瓷的应用范围也不断扩大,除了传统的瓷砖和餐具,陶瓷开始被广泛应用于建筑装饰、艺术品制作等领域。

如今,意大利陶瓷工艺已经成为世界陶瓷行业的重要组成部分。意大利的陶瓷产品以其独特的设计和高质量而闻名于世,其精湛的工艺和艺术价值,使其受到许多陶瓷收藏家和艺术爱好者的青睐。

3. 德国陶瓷

德国是举世闻名的陶瓷制造强国,在陶瓷产业中占据了举足轻重的地位。德国陶瓷以其精湛的工艺与较高的产值,使德国在全球陶瓷界声名远扬。德国的陶瓷种类齐全,以耐火陶瓷、日用陶瓷和卫生陶瓷的发展最为突出,赢得了全世界的广泛赞誉。当我们提及德国陶瓷时,不得不提及迈森这座城镇。迈森坐落在风景如画的德累斯顿的东北面,最初是一处坚固的军事要塞,守护着国家的安全与尊严。早在929年,英勇的德意志国王便在此地建立了城堡,随着时间的推移,迈森这座城镇逐渐在城堡的庇护下发展壮大,历经风霜。然而,迈森真正声名鹊起,是在18世纪。那时候,迈森凭借独特的陶瓷制作工艺和精湛的技艺,逐渐崭露头角,并最终成为德国的"瓷器之都"。这里的瓷器制作技术历经数代的传承与创新,逐渐形成了独特的风格,深受世界各地消费者的喜爱。无论是精致的餐具,还是实用的卫生陶瓷,都展现出迈森瓷器的高品质与独特魅力。如今的迈森,已经成为德国陶瓷产业的一颗璀璨明珠,为世界各地的消费者带来了无数精美的陶瓷艺术品。迈森的陶瓷产业的发展历程,不仅代表了德国陶瓷产业的辉煌与繁荣,更彰显了人类对于陶瓷艺术的执着追求与无尽探索。

4. 英国陶瓷

1567年,两位荷兰陶艺家为英国带去了锡釉陶器的生产方法,这种类型的器皿被英国人称为"代尔夫特陶器"(Delftware),并于17世纪和18世纪在伦敦、布里斯托和利物浦的推动下迅速发展起来。到了18世纪,代尔夫特陶器被英国的瓷器中心斯塔福德郡(Staffordshire)制造的更为精美的瓷器所取代。当时大多数英国工厂都在使用玻璃类软膏,只有一个品牌例外:新霍尔(New Hall),这是18世纪英国唯一的硬膏瓷制造商,它是由斯塔福德郡的5位陶艺家组成的一个联盟。18世纪末,当新霍尔的混合硬膏(Hybrid Hard-Paste)专利到期后,许多工厂开始使用它的配方,并试图改进。到了19世纪初,斯博德将动物骨粉加入硬膏并进行混合,成功研制出骨瓷配方。因此在英国的瓷器史上,硬瓷仅存在于18世纪末,随后所有的瓷器工厂都转向骨瓷生产。

英国陶瓷制造历史悠久,早在工业革命时期就得到快速发展,是传统的陶瓷强国,尤其以日用陶瓷最为发达,其日用陶瓷以优良的品质和先进的工艺蜚声国际。2020年,英国作为欧洲最大的日用陶瓷生产国,占据着整个欧洲接近25%的市场份额;另外,在建筑卫生陶瓷领域,英国与德国、西班牙合计占据着欧洲市场超过33%的份额。总的来看,英国陶瓷在欧洲市场上的竞争地位相对较高[①]。

5. 法国陶瓷

在法国,提起陶瓷,人们首先想到的便是被誉为法国"陶瓷之都"的里摩日。这里的陶瓷工艺品,尤其是黑色瓷器,堪称法国陶瓷艺术的瑰宝。这种独特的瓷

---

① 数据来源于《2022—2026年英国陶瓷市场投资环境及投资前景评估报告》。

器制品,是法国王室在德国迈森瓷器基础上进行创新所获得的成果,获得了"黑貂"的美誉,足见其高贵与不凡。深入法国西南部,我们会发现诺曼底的里摩日藏有丰富的瓷土资源,正是这一得天独厚的条件,使得这片土地成为众多瓷器工厂的聚集地。里摩日的陶瓷产业规模虽然庞大,拥有30余家陶器和瓷器工厂,从业人数也达到了3000人①,但这些企业却以中小型企业为主,缺乏像德国、英国那样的陶瓷巨头,这反映出法国陶瓷企业尚未完全经历改组整合。1974年的相关统计数据显示,法国陶器行业有31家企业,从业人员约5000千人;而瓷器行业则有44家企业,从业人员6000余人。然而,自1974年以来,法国陶瓷企业的数量有所减少,生产量在长达10年的时间里处于停滞状态。这一时期,法国主要从德国、意大利、奥地利等国家进口陶瓷,瓷器的输入量甚至是输出量的4倍之多。尽管如此,法国陶瓷产业在某些方面依然保持着领先地位。可以说,里摩日作为法国陶瓷产业的发展中心,不仅拥有悠久的历史和丰富的文化底蕴,更以其独特的风格和精湛的技艺,为法国陶瓷艺术增添了浓墨重彩的一笔。虽然面临着一些挑战和困难,但法国陶瓷产业依然在不断创新和发展,为世界陶瓷文化的繁荣做出了重要贡献。

6. 葡萄牙陶瓷

陶瓷产业在葡萄牙已有数百年发展历史,葡萄牙陶瓷产业多年来维持贸易顺差,对葡萄牙贸易平衡起着积极的作用。从地理分布上看,葡萄牙陶瓷生产主要集中于阿维罗、莱利亚等中部地区。Vista Alegre是世界上寥寥几家能够生产30%手工艺水晶制品的企业之一。

葡萄牙陶瓷工业协会(APICER)曾警告称,由于能源成本呈指数增长,葡萄牙陶瓷行业濒临崩溃。葡萄牙陶瓷行业是受能源价格上涨影响极大的行业。2022年,位于葡萄牙北部的陶瓷公司CINCA的天然气账单几乎增长了5倍,从每月30万欧元增长到近150万欧元。而电费则翻了一番。"天然气和电力过去只占我们生产成本的30%左右,而现在占了55%以上,这对我们的生产、价格和利润都产生了影响。"位于圣玛利亚达菲拉的CINCA总干事Joao Lima说。2022年初,CINCA不得不关闭一个半月。这可能不会是最后一次。为了避免进一步关闭,他们正在努力减少消费,并正在考虑新的投资。Joao Lima一直在等待欧盟和葡萄牙政府提出

---

① 数据统计时间为2017年。

帮助企业的措施，但挫折是显而易见的。2022年，已有7家陶瓷公司因能源价格上涨而停产，约1000名工人受到影响。葡萄牙陶瓷工业协会负责人José Sequeira表示，已经暂停运营的7家陶瓷公司位于中心地区。

二、全球陶瓷生产贸易情况

2023年4月，意大利、西班牙、印度、美国、加拿大等六国陆续公布了本国陶瓷行业2022年运行情况，关键的数据一一公开。

（一）意大利

尽管成本飙升造成了严重困难，但2022年意大利瓷砖行业的销量和产量仍稳定在上年同期水平。根据Prometeia汇编的初步数据，2022年意大利销售了约4.58亿平方米瓷砖（同比增长0.7%），包括3.64亿平方米的出口额（同比增长0.2%）和0.94亿平方米的国内销售额（同比增长2.6%）。2022年意大利瓷砖行业产量约4.48亿平方米，同比增长3%。海湾地区和远东地区的出口情况表现良好，西欧、巴尔干半岛和拉丁美洲的出口情况保持稳定，但东欧和北美自由贸易区的市场出现萎缩。意大利总销量的20%为国内市场销量，48%的销量销往欧盟其他地区，其余32%销往更远的市场。

（二）西班牙

2022年，西班牙瓷砖总产量同比下降了约15%，从5.87亿平方米下降为5亿平方米；总销量同比下降了约13%，从4.96亿平方米下降为4.32亿平方米；陶瓷行业总营收同比增长了约16.2%，为55.38亿欧元，这一数据也是唯一出现增长的数据。西班牙瓷砖和地板制造商协会（ASCER）主席Vicente Nomdedeu表示，"天然气价格已经增长了10倍，现在占据我们所有工业成本的最大部分。我们行业的总能源（天然气+电力）费用从2021年的9.39亿欧元上升到2022年的22.35亿欧元，相当于营业额的40%。这意味着成本增加了约13亿欧元，而且仅通过价格上涨部分抵消了部分成本增加"，"目前有40多座窑停产，2022年7月至2023年1月，我们有1017人失去工作，此外还有很多临时员工被解雇"。

（三）印度

2023年印度GDP增长7.58%，2024年预计增长6.5%—7%。2024年，MECS/

Acimac研究中心与印度瓷砖生产商合作,向800多家印度瓷砖公司发出调查问卷,精确计算出该行业的总产能为33亿平方米,加上其他300家小企业的最低产量,他们认为,印度陶瓷工业的总生产能力很快将超过37亿平方米。2021年,印度瓷砖产量增加8.6%,达到25亿平方米。2022年,由于能源成本飙升,印度瓷砖产量增加速度开始放缓,因为印度古吉拉特邦的几家生产商的窑炉关闭了几个月。然而,该行业已经有900多条生产线,MECS/Acimac研究中心预测,到2026年,印度瓷砖的产量将超过37亿平方米,从而保持接近8%的同比增速,其中70%用于满足国内需求,出口将超过10亿平方米。在过去10年中,印度瓷砖出口增长了约15倍,从2012年的3300万平方米增加到2021年的4.83亿平方米。根据印度一些主要企业的信息,2022年出口份额已经达到总产量的25%。这在很大程度上得益于印度国内建筑市场的活力,2021年和2022年总投资同比分别增长18%和10.8%,预计2024年将超过5000亿美元,2025年将超过6000亿美元。

(四)美国

根据美国商务部和北美瓷砖协会(TCNA)的统计数据,2022年美国瓷砖总消费量为2.854亿平方米,同比下降1.3%。美国瓷砖产量在2022年继续增长,达到8730万平方米,同比增长2.3%。美国制造商的瓷砖出货量为8260万平方米,同比增长1%。其中,美国国内瓷砖出货量占美国瓷砖总消费量的28.9%,这一比例远远高于任何一个向美国出口瓷砖的国家的份额,在美国瓷砖总消费量中所占份额排名第二的是西班牙(14.1%),排名第三和第四的分别为意大利(12.3%)和墨西哥(11.8%)。以瓷砖销售额计算,2022年美国国内瓷砖出货的销售额为14.8亿美元,同比增长8.6%,占2022年美国瓷砖总消费额的33.4%(低于2021年的35.2%)。其中,美国瓷砖出货量的均价为17.86美元/平方米,同比增长7.52%。2022年美国瓷砖出口量达到470万平方米,同比增长33.6%,创历史最高纪录。其中,出口份额较大的国家是加拿大(70.5%)和墨西哥(19.0%)。2022年美国瓷砖出口额为5260万美元,同比增长30.1%。

根据美国商务部的数据,2022年美国瓷砖的进口量为2.027亿平方米,同比下降2.3%。虽然向美国供应瓷砖的主要欧洲国家(如西班牙、意大利、土耳其等)和南美国家(如巴西、秘鲁等)在2022年对美国的瓷砖出口量都出现了下降,亚洲最大的出口国印度、马来西亚和越南对美国的瓷砖出口量都有较大的增长。2022年,西班牙仍是美国最大的瓷砖出口国,尽管出口量同比下降12.8%,为4020万平方米；西班牙占美国瓷砖进口总量的份额从2021年的22.2%下降为2022年的19.8%。尽管意大利瓷砖出口量与2021年相比下降了2.9%，为3500万平方米，但2022年意大利仍是美国第二大瓷砖出口国。2022年，意大利瓷砖占美国进口市场的17.3%，略低于2021年的17.4%。墨西哥是美国第三大瓷砖出口国，瓷砖出口量为3370万平方米（比2021年增长1%），占美国瓷砖进口总量的份额为16.6%。印度向美国出口瓷砖2640万平方米（比2021年增长30.4%），占2022年美国瓷砖进口总量的份额为13%，成为美国第四大瓷砖出口国。土耳其是美国第五大瓷砖出口国，2022年的瓷砖出口量下降了11%，为2490万平方米，占美国瓷砖进口总量的份额为12.3%，低于2021年的13.5%。2022年，美国瓷砖进口总值增长17.5%，达到29.4亿美元。以金额计，意大利是美国最大的瓷砖出口国，占美国瓷砖进口总值的30.2%（8.886亿美元，同比增长12.4%）；第二是西班牙，占美国瓷砖进口总值的26.8%（7.89亿美元，同比增长24.5%）；第三是墨西哥，占美国瓷砖进口总值的9.1%（2.67亿美元，同比增长9%）。从进口均价来看，2022年，意大利瓷砖平均价格为25.36美元/平方米，相比2021年的21.92美元/平方米，上涨了约15.7%；西班牙瓷砖平均价格增长了约42.6%，从2021年的13.77美元/平方米增长到2022年的19.64美元/平方米。

（五）加拿大

根据加拿大统计局的数据，2022年加拿大瓷砖消费量为3960万平方米，较2021年仅增长0.5%。由于加拿大没有大量的瓷砖生产，因此进口量与消费量大致相当。

根据百谏方略（DIResearch）研究统计，全球陶器市场规模呈现稳步扩张的态势，2023年全球陶器市场销售额达到17.8亿美元，预计2030年将达到25.1亿美元，则2023—2030年年均复合增长率（CAGR）约为5%。其中，中国是全球最大的市场，2023年占有超过60%的市场份额，其次是欧洲和北美市场，这二者共占有接近40%的份额。

第二节　国内陶瓷产业现状分析

一、我国陶瓷产业现状及发展趋势

在华夏的陶瓷产业版图中，历来便有"一镇三山"之盛誉。所谓"一镇"，即声名远扬的景德镇。"三山",即河北唐山、广东佛山以及山东博山。此外还有福建德化、广东潮州、湖南醴陵、江苏宜兴。这些地方不仅是生产陶瓷的重要基地,还是推动中国陶瓷产业持续发展的核心力量。以下分别介绍我国陶瓷八大产区及其产业现状。

(一)江西景德镇

江西景德镇素有"千年瓷都"的美誉,其陶瓷享誉全世界。景德镇陶瓷制品造型丰富,品类繁多,其中极为有名的是青花瓷、颜色釉瓷、粉彩瓷和玲珑瓷,也被称为景德镇四大传统名瓷。2022年,景德镇陶瓷工业园区签约引进高科技陶瓷项目14个,总投资120.8亿元,42家高科技陶瓷企业实现总产值37.39亿元。2023年,景德镇陶瓷工业总产值861.25亿元,同比增长29.44%。2023年景德镇高科技陶瓷总产值已达253亿元,同比增长93.6%,带动起一个庞大的市场。近年来,景德镇高科技陶瓷产业逐步崭露头角。作为享誉世界的"陶瓷之都",景德镇一直将高科技陶瓷产业作为重要的支柱产业进行培育。在"三个千亿"工程的大背景下,景德镇积极推进高科技陶瓷产业的发展,不仅吸引了众多企业入驻,还在技术研发、品牌建设等方面取得了积极成果。2023年,景德镇高科技陶瓷企业数量已达到100家左右,其中规模以上企业有24家。这些企业共同创造了近20亿元的总产值,为地方经济贡献了0.6亿元的税收。然而,产业的快速发展也带来了一些问题,其中,品牌建设显得尤为重要。景德镇虽然拥有红叶陶瓷、诚德轩陶瓷、精诚瓷业等知名陶瓷品牌,但总体来看,知名品牌数量仍然有限,品牌建设面临着成本高、周期长以及企业品牌意识薄弱等多重挑战。景德镇正大力实施"文化立市、工业强市、贸易兴市"战略,努力提升品牌价值和影响力。此外,景德镇还拥有完善的陶瓷科研教育体系。这里有全国唯一一所以陶瓷命名的多科性大学——景德镇陶瓷大学;还有景德镇学院等高校。另外,景德镇陶瓷研究院、江西省陶瓷研究所、国家日用及建筑陶瓷工程技术研究中心等各类陶瓷研究所和研究中心也在此集聚。景德镇高科技陶瓷产业的崛起,不仅为地方经济带来了新的增长点,还为世界陶瓷产业注入了新的活力。未来,随着技术的进步和品牌建设的不断推进,景德镇高科技陶瓷产业有望在全球市场中占据更加重要的地位,开拓更加广阔的发展前景。

(二)福建德化

福建德化不仅是中国最大的陶瓷工艺品生产和出口基地,还以陶瓷茶具和电子商务产业基地的身份,荣登了业界的巅峰,赢得了"世界陶瓷之都"的美誉。在这片陶瓷的热土上,德化的陶瓷产业已然崛起,其规模在国内首屈一指。2022年统计数据显示,德化全县范围内拥有超过4000家的陶瓷企业,每1000个德化人中,就有超过300人投身于与陶瓷相关的工作。这样的产业规模和人员聚集度,不仅为德化带来了丰厚的经济收益,还为其赢得了国际社会的认可和尊重。具体来看,德化陶瓷产业的产值近年来呈现出稳步上升的趋势。根据德化县人民政府发布的相关数据,2021年,德化陶瓷的产值高达459亿元,这一数字相较于上一年有了14%的显著提升,更是2017年的1.6倍。2022年,德化的三大支柱行业——陶瓷业、矿山冶炼业以及电力工业,共同为全县的经济增长贡献了巨大的力量。其中,陶瓷产业的产值达到了1427400万元,同比增长3.9%,其占全县规模以上工业产值的比重更是高达67.8%。陶瓷产业对于德化而言不仅是经济支柱,还是关乎民生的重要产业。为了进一步推动陶瓷产业的发展,德化近年来实施了一系列战略举措,如"中国白·德化瓷"产业高质量发展五年行动计划。在这个行动计划的推动下,德化投入了大量的资金和资源,精心打造了五大陶瓷平台——德化国际陶瓷艺术城、中国茶具城、德化红旗坊·文旅产业园、德化月记窑、中国陶瓷电商物流园。这些平台的建立,无疑为陶瓷产业的高质量发展注入了强大的动力。随着陶瓷产业的不断壮大,越来越多的有志之士加入这个行业,他们共同努力,为德化陶瓷产业抢占行业制高点贡献着自己的智慧和力量。德化对于未来的发展充满了信心和期待,立志在2027年,通过扩大国际影响力、增强工艺创新力、提升市场竞争力这"三力引领",将德化陶瓷产业打造成一个产值超过千亿的产业集群,为中国乃至世界的陶瓷产业树立新的标杆。总的来说,福建德化的陶瓷产业不仅在国内独树一帜,还在国际上展现了中国陶瓷的魅力和实力。福建德化的陶瓷产业带动了地方经济的发展,提升了人民的生活水平,展现了陶瓷这一传统工艺的无限可能性和广阔的发展空间。

(三)广东潮州

粤东地区处于广东东部,历来是广东进出口岸和商品集散地。潮州作为粤东地区的重要城市,拥有国家对外开放一类口岸——潮州港,潮州港规划面积180平方千米,是连接潮州与广州的海上交通要塞。潮州拥有"中国瓷都""国家日用陶瓷特色产业基地""中国陶瓷出口基地""中国日用陶瓷出口之乡"等美誉。2022年,潮州市工业企业3088个、个体企业4433个。2022年,潮汕陶瓷工业生产总值

5549925万元,占全部工业生产总值的22%,同比减少1.17%(2021年陶瓷工业生产总值为5615680万元)①。

(四)广东佛山

佛山陶瓷,这一承载着千年文化传统的艺术形式,始于唐朝的"石湾陶瓷",历经宋朝的奠基,至明清时期达到了鼎盛,一路走来,积累了深厚的陶瓷文化底蕴。20世纪80年代初期,乘着改革开放的东风,佛山陶瓷产业迎来了前所未有的发展机遇。这一时期,陶瓷产业开始了大规模的产品结构调整,由传统的日用陶瓷和美术陶瓷,逐步拓展到建筑陶瓷、卫生陶瓷等更为广阔的领域。这样的转型使佛山陶瓷成为集日用陶瓷、美术陶瓷、建筑陶瓷等的生产于一体的综合型陶瓷生产基地,实现了产业的多元化发展。进入90年代初期,随着国有企业的转制改革,大量的民营企业如雨后春笋般兴起,这些新生力量为佛山陶瓷产业注入了新的活力。陶瓷产业的辐射范围也逐步扩大,覆盖了南庄、西樵、官窑、乐平等地,形成了较为完善的陶瓷产业集群。其中,南庄的陶瓷产业发展尤为迅猛,其以雄厚的产业基础和创新能力,成为业内的佼佼者,被誉为"中国建陶第一镇"。佛山陶瓷产业以石湾为龙头,紧抓改革开放的历史机遇,迅速调整生产布局,积极引进先进设备和技术,不断改革生产流程,努力开发新型建筑装饰陶瓷。

(五)湖南醴陵

湖南醴陵是我国三大"瓷都"之一,首创釉下五彩瓷艺术,被誉为"东方陶瓷艺术的高峰"。汉朝伊始,醴陵便已经开始烧制陶器,凭借得天独厚的地理位置和适宜的气候条件,陶瓷产业得以蓬勃发展。宋元时期,醴陵便烧制出了青瓷,这标志着陶瓷技艺的初步成熟。至清朝末年,醴陵独创釉下五彩瓷的烧制技艺,展现了醴陵陶瓷艺术的独特魅力和精湛工艺。匠人们不断突破自我,提升烧制技艺,逐步实现了从原始的手工制作向利用机械进行批量生产的转型,从原始的柴窑到新型煤窑的技术革新。这些革命性的转变,提高了生产效率,使得醴陵瓷业焕发出更加绚丽的光彩。釉下五彩瓷,这一醴陵的瑰宝,不仅在视觉上给人带来了超凡的体验,还在技艺上遵循了环保、健康的原则,以确保使用时的安全性与实用性。

---

① 数据来源:潮汕统计年鉴。

因其独特的艺术魅力和卓越的品质,釉下五彩瓷享有"国瓷"和"红色官窑"的称号,是我国陶瓷艺术的瑰宝。2008年,醴陵釉下五彩瓷烧制技艺被列入国家级非物质文化遗产名录。2022年陶瓷产业集群产值超700亿元,成功获评湖南省先进制造业集群,正加快向具有全国影响力的千亿产业集群迈进。2023年,醴陵陶瓷产业链上下游企业1500多家,其中规模以上企业345家,从业人员近20万人,产品包括日用陶瓷、工业陶瓷、艺术陶瓷三大类4000多个品种。

(六) 山东淄博

20世纪50年代,在国家战略布局下,淄博成立了中国北方陶瓷材料研发基地和日用陶瓷生产研究中心,并逐步发展成为中国陶瓷行业门类极为齐全的五大陶瓷产区之一。淄博陶瓷行业在多个产品领域取得了显著成果。淄博陶瓷以其卓越的品质,不仅广泛应用于高档宾馆和家庭装饰,还成为国宴专用瓷,荣登国宴的餐桌。此外,精美的刻瓷作品更是多次被国家领导人选中,作为珍贵的礼品赠送给他国元首和国际友人,进一步提升了淄博陶瓷的国际声誉。除了日用陶瓷,淄博工业陶瓷和卫生陶瓷同样拥有较大的产业规模,为淄博的经济增长做出了重要贡献。

(七) 河北唐山

"北方瓷都"唐山的造瓷历史始于明朝永乐年间(1403—1424年),距今600余年的历史。唐山陶瓷具有独特的风格,骨瓷、白玉瓷等都是唐山陶瓷的代表。唐山陶瓷产品种类涵盖以坐便器、洗面器为主的卫生陶瓷,以刚玉陶瓷、高铝陶瓷、高温炉具为主的工业陶瓷,以餐具、茶具等骨质瓷为主的日用陶瓷,共计三大门类近2000个品种。2020年的统计数据显示,唐山日用陶瓷和卫生陶瓷的主要出口国家为美国、土耳其、韩国、意大利、英国等;瓷砖产品的主要出口国家是智利、肯尼亚、乌克兰等;装饰陶瓷产品的主要出口国家是意大利等。2014年,唐山日用陶瓷产品出口最多的国家是土耳其,当年,唐山市出入境检验检疫局辖区共出口115批日用陶瓷产品到土耳其,出口值高达1493.4万美元,同比分别上升76.9%和57.4%。美国是唐山的第二大日用陶瓷出口国。尽管受欧美债务危机的影响,唐山陶瓷产品国际市场不景气,但唐山依托出口基地基础优势,依旧保持了相对缓慢的增长。唐山不断加大陶瓷企业转型升级力度,激发转型升级动力,围绕绿色节能、装备升级、新产品开发,2023年全年累计实施陶瓷产业转型升级项目24项,总投资40.8亿元,2024年预计完成投资12.0亿元,项目完成后可新增产值41亿元。

(八)江苏宜兴

早在新石器时期,宜兴这片土地便孕育出了制陶的技艺。随着历史的演进,商周时期,这里已涌现出精美的印纹硬陶和原始青瓷,为陶瓷文化的发展奠定了坚实的基础。中华人民共和国成立后,特别是改革开放以来,宜兴陶瓷工业迎来了前所未有的发展机遇。文化界人士纷纷参与陶瓷艺术的创作,为这片土地注入了浓厚的文化气息。当地政府也积极推动陶瓷文化的交流与传播,首届中国·宜兴国际陶瓷文化艺术节于1988年5月上旬举办,此后每两年举办一届,自2013年开始每年举办一届,成为业界盛事。同时,"陶都风——中国宜兴陶瓷艺术展"及"一带一路"宜兴紫砂巡展等活动,也让宜兴陶瓷艺术走进北京、上海、无锡、深圳、台北、香港等地,让更多人领略到宜兴陶瓷的独特魅力。2014年,宜兴获批成立了紫砂文化海峡两岸交流基地,这一基地以紫砂文化为核心,整合了宜兴市陶瓷行业协会、中国宜兴陶瓷博物馆等多方资源,为两岸文化交流搭建了一个独具特色的平台,有力推动了两岸紫砂文化的深入交流与融合。改革开放40多年以来,宜兴紫砂产业一路高歌猛进,从年产值不足100万元的小众产品发展到当前年销总值近300亿元的大产业。紫砂产业发展速度很快,从业人员从1978年的不足2000人到2010年的5万多人,再发展到当下的近20万人[①]。在市场营销方面,宜兴也取得了不俗的成绩。通过建设一批专业市场,如江苏省宜兴紫砂工艺厂(又称"老一厂")、中国陶都陶瓷城等,为陶瓷产品提供了展示和交易的平台。同时,江苏省陶瓷研究所有限公司与丁蜀镇人民政府合作共建的宜兴陶瓷新材料孵化器,也为陶瓷产业的创新发展提供了有力支持。此外,电子商务平台的建设也取得了显著成效,如恒隆紫砂电子商务园等,为陶瓷产品的线上销售开辟了新渠道。丁蜀镇作为我国重要的工业陶瓷生产基地,共有各类陶瓷生产企业超1000家,其中规模以上工业企业超60家,2022年实现销售额130亿元,创历史新高,为当地经济的发展注入了新的活力。

如今,我国陶瓷行业已构建起一个庞大而完善的产业链条,每一个环节都紧密相连,共同推动着整个产业的蓬勃发展。陶瓷产品不仅在国内市场深受欢迎,

---

① 统计数据截至2024年2月。

还远销海外,深受全球消费者的喜爱。据统计,2021年我国陶瓷产品的出口量达1863万吨,出口额高达307亿美元,我国陶瓷产品在国际市场上的占有率高达70%,这些数据不仅彰显了我国陶瓷产业的强大实力,还意味着我国是全球陶瓷贸易的重要支柱。这些成就的取得,离不开我国陶瓷产业在技术创新、品质提升、市场拓展等方面的持续努力。未来,我国陶瓷产业将继续保持强劲的发展势头,为全球消费者带来更多高品质、高附加值的陶瓷产品。

二、我国陶瓷贸易情况

我国不仅是陶瓷起源地、陶瓷生产大国,还是陶瓷进出口大国。中国陶瓷贸易的历史可以追溯到几千年前,自古代起,中国陶瓷就成为重要的贸易商品。以下从陶瓷产品进出口地域分布、进出口陶瓷产品种类、陶瓷产品进出口数量和金额三方面介绍我国陶瓷产品的进出口情况。

(一)陶瓷产品进出口地域分布

中国陶瓷,在中国古代输出品中拥有着无可替代的重要地位。它不仅是中华文化的瑰宝,还是中国与世界各国交流互动的重要媒介,扮演着桥梁和纽带的角色。早在古代,我国在陶瓷方面就建立了广泛而复杂的贸易网络:一条是蜿蜒曲折的"陆上丝绸之路",通过这条陆路,精美的陶瓷源源不断地运往中亚细亚、波斯,以及地中海东部的众多国家,让全世界见识到了东方文化的独特魅力。另一条则是壮阔的海上通道,从广州出发,绕过绿意盎然的马来半岛,穿越波涛汹涌的印度洋,抵达波斯湾,再进一步抵达地中海,甚至远达非洲的埃及。这条海上通道被誉为"海上陶瓷之路",它见证了中华陶瓷文化的深远影响力和广泛传播。在过去的千余年间,中国陶瓷通过各种渠道传播到亚洲、非洲、欧洲、美洲、大洋洲等,不仅丰富了这些地区的物质文化,推动了当地社会的繁荣发展,还在一定程度上改变了人们的生活方式,提升了人们的生活质量。可以说,中国陶瓷对全球各地的物质文化和社会生活产生了深远的影响,为人类文明的进步做出了不可磨灭的贡献。总而言之,中国陶瓷不仅代表了中华优秀传统文化的辉煌成就,还是连接中国与世界的文化桥梁。它以独特的艺术魅力和较高的实用价值,赢得了世界各地人民的赞誉和喜爱,为中华优秀传统文化的发展和传播做出了巨大的贡献。

历史悠久的"丝绸之路",是中华民族的伟大创举。它是中华文明走向世界的探索之路,也是世界文明融汇发展的和平之路。时至今日,人们依然对在东西方文明交往历史星空中处于重要地位的"丝绸之路"产生无限的遐想。2000多年后的今天,中国再次提出了共建"丝绸之路经济带"和"21世纪海上丝绸之路"的倡议,既是对这份文明遗产的继承,更是在新的历史条件下继往开来的伟大创新。倡议提出8年来,"一带一路"的朋友圈不断扩大,140个国家和32个国际组织加入"一带一路"大家庭①。相较于古代的"丝绸之路","一带一路"已经不是中国人在面对外部陌生世界时,舟车劳顿、小心翼翼的探索,而是对整个世界了然于胸的顶层设计,是中国主动打开国门融入世界的又一壮举,体现了大国崛起的文化自信。共建"一带一路"倡议不仅为中国的开放发展开辟了一片更为广阔的天地,也为世界各国的发展带来了崭新的机遇。这一伟大的倡议,如同璀璨的星辰,照亮着各国共同发展的道路,引领着我们走向一个更加繁荣、更加开放的新时代。

此外,自2021年9月28日"中欧班列-上海号"首发以来,上海海关持续强化监管优化服务,全力推动"中欧班列-上海号"高质量运行。通过开设专列进出口货物申报专窗,为企业提供归类、税收等方面的咨询服务。依托上海海关跨境贸易大数据平台,加强供应链安全评估,实现中欧班列货物无纸化通关,提升班列货物验放效率。密切与班列进出境地海关的协调配合,及时解决企业通关、查验等方面的问题。同时,积极回应班列运营企业业务需求,提供海关政策指导,支持"中欧班列-上海号"增开、拓展线路,释放潜能,不断增强"中欧班列-上海号"的影响力和辐射力。首发一年来,"中欧班列-上海号"开行总量50列,运送货值约16.37亿元。2022年9月28日,"中欧班列-上海号"第50列列车,装运着50个满载汽车配件、机械零件、陶瓷制品等货物的集装箱从上海发车驶向境外。

根据海关总署的统计数据可知,陶瓷贸易仍是贸易中的重要角色。2024年1月,广澳港实现对东南亚主要港口的航线全覆盖。1月10日,满载潮汕特色产品的"长锦米莫萨"轮缓缓驶离广澳码头,驶往新加坡港、雅加达港、海防港等东南亚主要港口。这条新航线是2023年12月底开通的,开通后广澳港区实现了出口直航东南亚主要港口的航线全覆盖,也填补了东南亚进口直航潮汕地区的空白,为新加坡、印尼、越南出口货物开辟了一条直达粤东的新通道。据相关人员介绍,2023年,"新加坡—雅加达—海防—汕头"航线顺利开通,粤东港口群的核心港区

---

① 数据来源:《文化自信与"一带一路"建设》,载《中国文化报》,2021年9月27日。

和粤东公共物流枢纽港效应进一步显现,不仅为当地企业进出口商品提供了更多的物流选择,还提升了潮汕特色产品的核心竞争力。2023年,广澳港区外贸集装箱吞吐量完成39.97万个标准箱,创历史新高,进出口货运量同比增长65.1%。

(二)进出口陶瓷产品种类

根据海关总署2020年的统计数据,我国进出口陶瓷产品主要包括以下几类。

(1)陶瓷砖:包括各种规格、款式和用途的陶瓷砖,如地砖、墙砖、瓷片等。这类产品在我国陶瓷出口中占据较大比例。

(2)陶瓷器皿:如餐具、炊具、茶具、咖啡具等日用陶瓷制品。这类产品在国内外市场上都有较高的需求。

(3)陶瓷艺术品:一些具有收藏价值和装饰价值的陶瓷制品。这类产品在我国传统文化中具有重要地位,受到国内外消费者的喜爱。

(4)卫生陶瓷:如马桶、洗手盆、浴缸等卫生间等场所用的陶瓷制品。这类产品在我国装修市场中具有较大的需求。

(5)工业陶瓷:如瓷球、瓷管、瓷棒等高技术含量的陶瓷制品。这类产品在航空航天、电子、化工等领域有广泛应用。

(6)建筑陶瓷:如屋面瓦、装饰板等用于建筑行业的陶瓷制品。这类产品在我国建筑市场中具有较高的需求。

(7)其他陶瓷制品:如陶瓷发热元件、陶瓷传感器等特殊用途的陶瓷制品。这类产品在各个领域中都有广泛应用。

在进出口方面,我国陶瓷产品主要出口到东南亚、欧洲、美洲、非洲等地区。出口陶瓷产品中,以陶瓷砖和陶瓷器皿为主。进口陶瓷产品主要来自日本、韩国、意大利、西班牙等国家,以高端陶瓷器皿和艺术品为主。总体来看,我国陶瓷产品进出口种类较为丰富,涵盖了艺术、工业、建筑等多个领域。在国内外市场上,陶瓷砖、陶瓷器皿等陶瓷产品具有较高的竞争力。

(三)陶瓷产品进出口数量和金额

中国的陶瓷产品不仅在国内广受喜爱,还走出国门,成为国家出口创汇的重要支柱之一,出口量一直稳居全球榜首,产品遍布世界各地。1997年,中国的陶瓷产品主要出口市场还仅局限于62个国家,但经过近30年的不懈努力与持续创新,陶瓷产品的国际市场影响力日益扩大,国际市场覆盖率近乎翻了两番,涵盖了近

200个国家与地区。特别是欧美国家和日本、韩国等,对中国陶瓷产品的需求较高,中国陶瓷在这些地方赢得了广大消费者的喜爱和信赖。近年来,尽管全球金融危机的阴影尚未消散,各国的经济发展面临着不小的挑战,但中国的陶瓷产品出口贸易依然展现出了强大的韧性与实力。中国海关总署的相关统计数据显示,2020年中国陶瓷产品出口总额为2511700万美元,其中日用陶瓷出口金额为1819400万美元,建筑陶瓷出口金额为631200万美元。2021年,中国陶瓷产品出口总额更是高达3070342万美元,同比增长约22.2%。

2023年1—11月,我国陶瓷砖进口总额为128943.3379万美元,同比下滑14.2%。进口产品以高端陶瓷砖为主,进口来源包括:欧洲联盟,进口陶瓷产品金额为29199万美元;日本,进口陶瓷产品金额为21861.5万美元;美国,进口陶瓷产品金额为9107.5万美元;韩国,进口陶瓷产品金额为8608.5万美元;德国,进口陶瓷产品金额为6979.1万美元;意大利,进口陶瓷产品金额为5952.6万美元;泰国,进口陶瓷产品金额为5008.7万美元;瑞士,进口陶瓷产品金额为3672.1万美元;法国,进口陶瓷产品金额为3181.8万美元;马来西亚,进口陶瓷产品金额为2649.5万美元。

2024年8月7日,海关总署发布2024年7月全国出口重点商品数据。7月我国陶瓷产品出口173.4万吨,出口金额15.82亿美元。1—7月,我国陶瓷产品共出口1082.9万吨,同比增长5.5%;出口总额128.04亿美元,同比下降12.8%。1—7月,我国家具及其零件累计出口400.67亿美元,同比增长11.9%;其中,7月单月就出口47.41亿美元。

第三章　陶瓷产业内外部竞争环境分析

第一节　内部竞争环境

一、陶瓷产业介绍

在人类历史发展的长河中,大约在新石器时代,人们就已掌握了陶器的制作技术,这是人类智慧与创造力的卓越展现,同时也奠定了陶瓷产业坚实的基石。陶器,这种源自古老文明的工艺品,不仅展示了人类文明的进步,还体现了人们对美好生活的追求。陶器的诞生离不开黏土这一神奇的自然材料。黏土具备特殊的物理性质,其在湿润时易于塑形,在微干时可以打磨,在完全干燥后则能精雕细琢。这种高度的可塑性,让陶器的创作充满了可能性。陶器的形状、颜色、纹理等都可以根据需要进行调整和改变,从而呈现出丰富多样的艺术形态。在中国,陶瓷产业经过数千年的发展,已经形成了具有鲜明地域特色的行业格局。对于陶瓷的分类,没有一个绝对统一的标准,人们可以从多个角度进行划分,例如:按照烧制温度的不同,可以将陶瓷分为低温陶瓷、中温陶瓷和高温陶瓷;按照用途的不同,可以将陶瓷分为日用陶瓷、艺术(工艺)陶瓷、工业陶瓷等;按照产地的不同,可以将陶瓷分为景德镇陶瓷、佛山陶瓷、潮州陶瓷等。

(一)按用途进行分类

1. 日用陶瓷

例如,食具、酒杯、花盆、花坛等。

2. 艺术(工艺)陶瓷

例如,瓷质花瓶、瓷器艺术品、园林用瓷等。

3. 工业陶瓷

（1）建筑卫生陶瓷：瓷质砖瓦、瓷质放水管、瓷质地板砖、瓷质外墙砖、瓷质卫生洁具等。

（2）化工（化学）陶瓷：各种瓷质耐酸容器、瓷质管道、瓷质塔、瓷质泵、瓷质阀和搪瓷反应锅等。

（3）电子陶瓷：是一种瓷质的电绝缘材料，具有良好的绝缘性和机械强度，广泛应用于电力系统中，主要起支持和绝缘作用。

（4）特种陶瓷：具有高硬度、耐磨、耐腐蚀和耐高温等特性，广泛应用于航空航天、电子信息、生物医学等领域。

（二）按原料及坯体的致密程度进行分类

按所用原料及坯体的致密程度分类，可分为粗陶、细陶、炻器、半瓷器、瓷器。

制备粗陶时，一般采用熔黏土法直接进行。这种方法能够有效地使黏土充分融合，形成所需的陶瓷基础结构。然而，为了改善陶瓷的松散度，增强其实用性，我们通常会在制备过程中添加熟料和沙子。熟料和沙子的加入，不仅能够改善陶瓷的松散度，还可以增加其稳定性和耐用性。在制备陶瓷制品时，陶瓷的化学成分及其杂质的含量也是影响制备过程的关键因素。通过精确测量和分析这些化学成分和杂质的含量，我们可以确定制备过程所需的温度，从而确保陶瓷制品能够具备良好的物理和化学性能。在制造过程中，我们需要将土坯的湿度控制在5%—15%，以便吸附砂浆，确保成品具有良好的结合力和耐久性。此外，陶瓷的颜色也是制备过程中需要考虑的重要因素。坯胎烧成的颜色主要由氧化物含量和烧制气氛决定。在氧化气氛中直接制备的陶瓷，通常呈现为黄色或红色；在还原气氛中直接制备的陶瓷，则通常呈现为青色或黑色。因此，通过调整烧制气氛和氧化物含量，我们可以制备出具有不同颜色的陶瓷制品，满足不同的审美和实用需求。总的来说，粗陶的制备是一个复杂而精细的过程，需要综合考虑材料的选择、化学成分的搭配、烧制气氛的控制等。

陶器，分为普通陶器和精致陶器。普通陶器，如陶瓮、耐火砖、陶缸等，在生活中较为常见。而精致陶器，能在4%—12%的湿度环境内保持稳定，色泽多为白色，偶带杂色。精致陶器的主要成分为黏土、生石灰、长石以及熟料等。我们日常生活中所见到的陶器大部分属于黏土质地，这也是精致陶器最为常见的形式。此外，石灰石在精致陶器的制备过程中同样扮演了举足轻重的角色。基于某些原因,石灰质精致陶器的生产已经逐渐式微,甚至被其他类型的精致陶器所替代。长石质精致陶器属于硬质精致陶器,其因独特的质地和美感,深受人们的喜爱和追捧。近年来,随着人们生活方式的转变,一些国家的陶瓷生产也在逐渐转型。

瓷器的特质展现在制作过程等方面,具体包括:瓷器烧结过程充分,已然接近玻璃化;致密的材料结构使得瓷器的密封性能出色;在部分轻薄之处,瓷器甚至展现出了半透明的美感;其表面光滑,如同镜面,光亮可鉴。在众多的陶瓷材料中,部分硬质瓷脱颖而出,以其出色的物理性能和优雅的外观,成为高档家用电器产品制造等领域的首选。

二、陶瓷产业链分析

传统陶瓷又称"普通陶瓷",是以黏土等天然硅酸盐为主要原料烧制而成的,现代陶瓷又称"新型陶瓷""精细陶瓷"或"特种陶瓷"。陶瓷产业链结构可以分为上游、中游和下游:陶瓷产业链上游包括氧化铝等陶瓷原材料,以及陶瓷加工机械设备;陶瓷产业链中游为各类陶瓷产品,主要包括日用陶瓷、艺术(陈列)陶瓷、建筑陶瓷、卫生陶瓷、电子陶瓷等;陶瓷产业链下游应用领域主要为房地产、轨道交通、光通信、工业激光、消费电子、汽车电子等[①]。

(一)陶瓷产业链中游发展分析

1.建筑陶瓷

(1)建筑陶瓷产量。

2021年全国建筑陶瓷产量为81.74亿平方米,同比下降4.61%。全国主要产区广东、江西、福建、四川、广西的建筑陶瓷产量均有不同程度的增长,其中,江西同比增长超过17%,广西同比增长接近10%;其他产区则呈现不同程度的下滑。2021年全国新建(含拆旧建新)、技改(改造成不同品类)陶瓷砖生产线超过200条。

(2)建筑陶瓷出口规模。

我国建筑陶瓷出口量自2015年以来一直呈下跌趋势,2020年受到全球疫情和中美贸易摩擦的影响,跌幅尤为明显,2021年,出口量跌速放缓,下滑曲线趋于平缓。2021年我国建筑陶瓷出口量为6.01亿平方米,同比下降3.4%;出口额为40.99

---

① 资料来源:中商产业研究院。

亿美元,同比下降0.7%。

(3) 全国规模以上建筑陶瓷企业数量。

2021年全国规模以上建筑陶瓷企业为1048家,相较于2020年,有45家企业退出市场。

2. 卫生陶瓷

(1) 卫生陶瓷产量。

2021年全国规模以上卫生陶瓷产量为2.22亿件,同比增长2.5%;卫生陶瓷主要产区中,广东、河北、福建、湖北、湖南产区均有不同程度的增长,河南产区受"双控"、拉闸限电影响较大,产量下降幅度超过10%。

(2) 卫生陶瓷出口规模。

2021年我国卫生陶瓷出口量、出口额均创历史新高。其中,出口量首次实现破亿,为1.1亿件,同比增长16.82%;出口额达98.78亿美元,同比增长12.13%。

(3) 全国规模以上卫生陶瓷企业数量。

2021年,全国规模以上卫生陶瓷企业为363家,比2020年增加7家。

3. 电子陶瓷

(1) 电子陶瓷市场规模。

目前,我国电子陶瓷已进入优化升级的发展阶段,得益于下游电子工业、光纤通信、国防军工等众多行业的巨大市场需求,电子陶瓷行业市场规模不断扩大。鉴于5G通信技术领域的创新步伐日益加快,电子元器件与新能源燃料的需求呈现出前所未有的增长趋势,智能装备与物联网的发展日新月异,国产替代进口的进程逐渐加快,这一系列的变革与需求拉动将共同推动中国电子陶瓷市场保持高速增长的态势。市场的蓬勃发展,不仅代表着我国电子陶瓷产业实力的显著增强,还预示着中国电子陶瓷产业在全球范围内的竞争力将持续提升,为中国电子产业的腾飞奠定坚实基础。

(2) 电子陶瓷市场结构。

由于我国电子陶瓷市场上中低端产品占据主导地位,其附加值相对较低,难以形成强有力的竞争优势。众多电子整机在制造过程中,那些技术含量高、对性能要求严苛的陶瓷元件,仍然依赖于进口,这揭示了我国电子陶瓷行业在关键核心技术领域还有长足的发展空间和提升的必要。通过升级中国电子陶瓷技术、打造产品价格优势、提高质量等措施,国产替代进口将成为未来发展趋势。

(3) 电子陶瓷行业竞争格局。

在压敏陶瓷方面,常州佳冠电子有限公司、深圳市森之源电子有限公司、上海奇亿半导体有限公司、东莞市源林电子科技有限公司等为主要生产企业。在气敏陶瓷方面,鹤壁市敏感仪器厂、郑州炜盛电子科技有限公司、深圳市赛飞凌科技有限公司等企业位于行业前沿。

(二) 陶瓷产业链下游发展分析

1. 房地产

2022年1—3月,房地产开发行业呈现出一种复杂的发展态势,这一时期的房屋施工总面积达到了806259万平方米,相比于去年同期,这一数值实现了1%的增长。这种增长虽然不算显著,但在复杂多变的市场环境下,仍然展现出了一定的韧性和稳定性。而在施工面积的构成中,住宅施工面积占据了重要的位置。具体来说,住宅施工面积达到了569045万平方米,其增长率稍微高于整体的施工面积增长率,为1.1%。这表明,尽管市场面临诸多不确定性,但住宅开发仍然是行业的主要增长动力之一。然而,在新开工面积方面,情况发生了明显的变化。在这一时期内,新开工面积仅为29838万平方米,同比下降了17.5%。这一数据反映出,受到多种因素,如政策调整、市场需求变化等的影响,新开工项目的数量和规模都有所减少。住宅新开工面积为21558万平方米,同比下降了20.3%,这一较大的降幅进一步印证了市场调整的趋势,也反映出开发商在市场变化下对于新开工项目的谨慎态度。此外,房屋竣工面积为16929万平方米,同比下降了11.5%。在房屋竣工面积的构成中,住宅竣工面积占比较大,为12323万平方米,同比下降了11.3%,尽管下降的幅度不算大,但这仍然显示出在市场环境的影响下,房地产项目的竣工进度受到了一定程度的影响。

2. 光通信

电子陶瓷应用于光纤骨干网、城域网、宽带接入、物联网和数据中心等系统的各类TOSA、ROSA、激光器、光电发射及接收、光开关、控制等光通信器件和模块激光加工、激光雷达、环境检测、照明、医疗等领域。

3. 工业激光

电子陶瓷应用于各类光纤激光器的封装。2020年全球工业激光器市场规模约为51.6亿美元,同比增长2.42%。

第二节 外部竞争环境

一、宏观环境分析(PEST分析)

(一)政治环境

我国高度重视和支持陶瓷行业的发展,政府在产业发展中扮演的角色至关重要,特别是在引导产业升级、企业集聚和技术创新方面。政府的引导手段多样且精准,具体来说,主要包括以下四个方面:

其一,政府的资金扶持可谓有力的助力器。例如,2023年,佛山为了推动陶瓷产业的转型升级,特地划拨1.5亿元作为专项资金,专门用于陶瓷产业的整治与发展。这种实质性的资金投入,不仅为陶瓷企业提供了必要的资金支持,也极大地激发了企业参与产业升级的积极性。

其二,税收扶持同样是政府引导产业发展的重要手段。在佛山的相关案例中,政府为鼓励陶瓷企业进行产业转移,实施了税收返还政策。这一政策有效地减轻了企业的税收负担,扩大了企业的利润空间,进而增强了企业进行产业转移的动力。

其三,土地扶持也是政府引导产业发展的一个重要方面。

其四,政府还通过引导企业的技术发展,推动企业加快技术创新。在淄博陶瓷工业园的相关案例中,当地政府明确规定了入园企业的技术门槛,要求企业必须达到行业先进水平。这一政策不仅提高了整个园区的技术水平,还促使企业不断加大技术创新投入,提高产品的竞争力。

综合来看,政府的引导在产业发展中起到了至关重要的作用。未来,政府应继续发挥其引导作用,为企业提供更好的发展环境,推动产业持续健康发展。

(二)经济环境

我国宏观经济环境分析分为三个部分:中国GDP增长情况分析、居民消费结构变化分析和对外贸易发展形势分析。

1. 中国GDP增长情况分析

中国的国内生产总值,即GDP,其增长情况实际上是我国经济活力与市场潜力的具体呈现。人均GDP的数值,深刻反映了国家的富庶程度与民众的生活水准。GDP的结构不仅深刻影响着市场经济的运行轨迹,而且对于国家宏观政策的制定具有不可小觑的导向性作用。一个科学合理的GDP结构,如同经济航船的稳定舵手,为经济的可持续发展提供了有力的支撑。通过对GDP结构的细致分析,我们可以更加准确地把握每一时期经济发展的脉搏与特征,从而为经济发展计划的制订提供精准而有力的依据,使得国家的经济航船能够在风雨中稳步前行。根据清华大学国情研究院课题组的研究及预测,2020—2035年劳动力年均增长率约为0.28%,2035—2050年劳动力年均增长率呈负增长,约为-0.24%。人口红利逐渐消失,劳动力数量减少,人口老龄化程度加剧,这在一定程度上不利于我国长期经济增长。在资本存量方面,预计2020—2050年的年均增长率约为5.6%,与过去30年资本存量10%以上的年均增长率相比,增长势态明显放缓,而从长期发展的角度来看,我国GDP仍然可以保持较高增速。

2. 居民消费结构变化分析

随着我国经济的稳步发展,城乡居民的收入水平不断提高,他们的消费观念和消费结构也在悄然发生变化。在这种背景下,我们可以观察到一个明显的趋势:居民在文化娱乐、医疗保健、教育等服务方面的支出持续增长。这一变化不仅展现了居民消费模式的转型,还折射出居民生活水平的日益提升。文化娱乐支出的增加,是居民生活品质提高的一个显著标志。随着居民收入的增加,他们不再仅仅满足于物质生活的需求,而是更多地追求精神层面的满足。无论是观看电影、参加音乐会,还是购买书籍、进行旅游,这些文化娱乐活动都成为居民日常生活的重要组成部分。与此同时,医疗保健和教育支出的增加,也反映了居民对健康和教育极其重视。随着生活水平的提高,居民更加注重自身的健康状况,愿意投入更多的资金来保障自己的健康。教育作为提升个人素质和社会竞争力的重要途径,其支出的增加也在情理之中。这一系列变化表明,居民的恩格尔系数正在逐渐降低,即食品支出在总支出中的比重不断下降,而服务支出的比重则持续上升,这是居民生活水平提升的一个重要标志。

综上所述,服务支出的增加和价格的上涨是多种因素共同作用的结果。这既体现了我国经济的持续发展和居民生活水平的显著提升,也展示了我国居民消费结构的优化和升级。未来,随着经济的进一步发展和社会的进步,居民的生活品质能够得到更大程度的提升,服务行业的发展也将更加繁荣和多样。

3. 对外贸易发展形势分析

据海关统计,2023年我国进出口总值为41.76万亿元,同比增长0.2%。其中,出口总值为23.77万亿元,同比增长0.6%;进口总值为17.99万亿元,同比下降0.3%。2023年,我国货物贸易进出口好于预期,实现了促稳提质目标。各地各部门在推动外贸稳规模优结构、促进民营经济发展壮大、加快内外贸一体化发展等方面,拿出了一些硬招实招。在经济全球化的大背景下,优化营商环境,特别是推动加工贸易的高质量持续发展,已成为海关工作的重中之重。针对这些挑战,海关出台了一系列精准而具体的支持措施,这些政策不仅落地生根,还释放了巨大的经济红利,对稳住外贸基本盘起到了关键作用。尽管在2022年,世界经济复苏的步伐显得缓慢而沉重,全球贸易总体上呈现出低迷的态势,外部需求的疲软给我国的出口带来了直接的挑战。然而,正是在这样的背景下,我国的出口业绩依然取得了令人瞩目的成就。我国不仅在出口总量上再创新高,实现了量的合理增长,还在市场份额上保持了稳定,体现出了我国出口的强大韧性。在众多的出口商品中,陶瓷产品表现出色。中商产业研究院数据库的相关统计数据显示,2023年我国陶瓷产品累计出口量为1904万吨;我国陶瓷产品累计出口金额为2607730万美元,同比下降15.4%。尽管与2022年同期相比,出口总额有所下滑,但出口总量同比增长了5.3%,这充分体现了我国陶瓷产业巨大的发展潜力和广阔的市场前景。

总体而言,尽管全球经济环境充满挑战,但我国凭借着强大的综合实力和不懈的努力,成功地稳固了外贸地位,并在多个领域实现了突破。未来,随着更多优化政策的出台和落地,我国的出口贸易将保持良好的发展势头,为全球经济的复苏做出更大的贡献。同时,陶瓷产业作为其中的佼佼者,也将继续发挥其优势,为我国出口贸易的高质量发展注入新的活力。

(三) 社会环境

1. 陶瓷产业人力资源方面

(1) 人才供给。在一些地区,陶瓷产业作为传统产业,拥有一定的技术和人才积累。同时,一些高校也开设了与陶瓷相关的专业,为陶瓷产业培养了一定数量的人才。然而,随着陶瓷行业的发展和转型,对高端技术人才的需求逐渐增加,人才供给与需求之间存在一定的不平衡。

(2)技能水平。陶瓷产业是一个技术密集型产业,对员工的技能要求较高。一线生产工人需要具备熟练的操作技能和良好的工艺素养,而研发岗位、设计岗位、销售岗位等需要相关工作人员具备较高的专业知识和创新能力。目前,一些陶瓷企业在技能培训方面加大了投入,以提升员工的技能水平和综合素质。

(3)人才流动。随着陶瓷产业的发展,一些高端人才可能会流向其他行业或者离开当地前往外地就业。这对于陶瓷产业来说是一种挑战,需要通过提供良好的职业发展机会、薪资福利和工作环境等,留住人才。

(4)人才培养和引进。为了满足陶瓷产业的发展需求,一些地方政府和企业加大了对人才培养和引进的力度,通过与高校、科研机构合作,设立研发中心和实验室,培养和引进专业技术人才。同时,一些企业还通过提供实习、培训和职业发展计划等方式,吸引并留住优秀的人才。

2. 消费者需求方面

如今的消费者在选购陶瓷产品时,已不再仅仅满足于产品的实用价值,还追求产品的内涵、品位与文化特性。不仅如此,他们还期望陶瓷的艺术设计能够与现代生活方式相融合,因而提出了一系列更为精细、更为独特的要求。这些反映出消费者对于陶瓷产品的认知的深化,以及对于更高层级的需求的追求,多元化的消费需求也为中国陶瓷市场带来了更为广阔与复杂的发展前景。

(四)技术环境——专利分析

在对陶瓷产业的技术环境进行研究时,著者利用incoPat平台进行主题检索,将检索词设定为"陶瓷",将检索表达式设定为"TI=陶瓷",以2023年为检索年限,在全球公开专利范围内进行检索。

通过实施以上检索策略并经过筛选去噪,著者得到292009个专利族。

1. 宏观层面

从专利国别来看,2023年中国专利数量共计140911件,日本专利数量共计53082件,美国专利数量共计17903件,德国专利数量共计16451件……可见,中国拥有的专利数量遥遥领先于其他国家。

从专利类型来看,2023年,在我国的专利申请中,发明专利(包含发明申请专利 38.7%)占比为 68.07%、实用新型专利占比为 22.34%、外观设计专利占比为 9.59%,专利授予情况以发明专利为主。

总的来说,我国在陶瓷制造领域占据着核心地位。

2. 微观层面

(1) 2014—2023 年国内专利申请趋势。

如图 3-1 所示,2014—2023 年,在我国公开(公告)的专利申请中,陶瓷领域专利申请趋势平稳,2022—2023 年专利申请量下降,可能是部分专利申请还未公开。

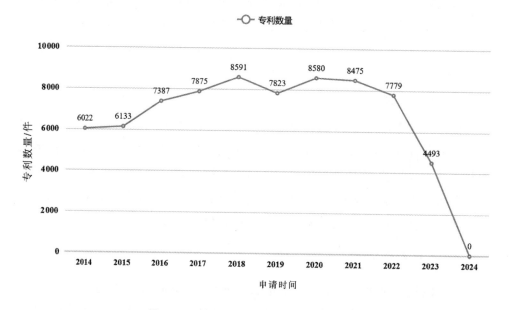

图 3-1　2014—2023 年国内专利申请趋势

(2) 2014—2023 年国内不同技术主题专利申请量。

2014—2023 年,我国公开(公告)的陶瓷领域各类技术主题的专利申请量占比排名前四的依次为 C04B35(以成分为特征的陶瓷成型制品;陶瓷组合物)、C04B41(陶瓷的后处理)、C04B38(黏土制品)、C04B33(多孔陶瓷制品及其制备方法),说明我国陶瓷领域相关技术主题专利主要集中于陶瓷的制备、黏土制品、多孔陶瓷制品及其制备方法等。

二、行业环境分析

(一) 行业特点

1. 技术密集

陶瓷产品生产涉及原料处理、成型、烧成、装饰等环节,每个环节都需要一定的技术支持。陶瓷行业对于技术创新和研发投入有较高的要求,以满足市场对于高品质、多样化产品的需求。

2. 产业链长

陶瓷产业链包括原料供应、生产设备、生产工艺、产品设计、产品销售等环节,涉及多个产业领域。产业链的完善程度和协同效应对于陶瓷行业的整体竞争力具有重要影响。

3. 能耗和环境压力较大

陶瓷生产过程需要消耗大量的能源,并会产生一定量的污染物。随着环保法规的日益严格,陶瓷企业需要投入更多资金进行技术改造,以降低能耗和减少污染物排放。

4. 市场需求波动较大

陶瓷产品市场需求会受到宏观经济、房地产市场、消费者喜好等多方面的影响,因而波动较大。陶瓷企业需要敏锐感知市场动态,及时调整生产和经营策略,以应对市场变化。

5. 品牌竞争激烈

陶瓷行业竞争激烈,尤其是低端市场。为了提升品牌形象和市场份额,陶瓷企业需要加大营销和品牌建设投入,培育核心竞争力。

6. 区域集中度高

我国陶瓷产业呈现出一定的地域集中特点,广东、福建、山东、江苏等省份拥有大量的陶瓷企业和生产基地。地区间的竞争与合作对陶瓷行业的发展具有重要影响。

7. 产业升级和创新需求迫切

随着消费者需求的变化和市场竞争的加剧,陶瓷行业需要不断进行产业升级和创新(包括技术创新、产品创新、管理创新等),以提高产品质量和满足市场多样化需求。

综上所述,陶瓷行业具有技术密集、产业链长、能耗和环境压力较大、市场需求波动较大、品牌竞争激烈、区域集中度高、产业升级和创新需求迫切等特点。陶瓷企业在发展过程中需要关注行业特点,发挥自身优势,积极应对市场挑战,以实现可持续发展。

(二)市场需求

近年来,随着全球经济的复苏和我国陶瓷产业的不断发展,陶瓷市场需求呈现出稳定增长的态势。以下主要对各类陶瓷产品的市场需求进行分析,包括日用陶瓷、建筑陶瓷、工业陶瓷、电子陶瓷等。

日用陶瓷市场需求较为稳定,主要受到消费者需求、审美观念、出口市场等因素的影响。日用陶瓷产品包括餐具、玻璃器皿等,随着生活水平的提高,人们对日用陶瓷的品质、外观和功能的要求也在不断提高。

建筑陶瓷市场需求主要来源于房地产市场,受到宏观经济、基础设施建设、家居装修等方面的影响。近年来,我国房地产市场保持较高增长速率,建筑陶瓷市场需求持续增长。建筑陶瓷产品包括瓷砖、卫浴等,随着绿色建筑、节能减排理念的普及,环保、低碳的建筑陶瓷产品受到越来越多消费者的青睐。

工业陶瓷市场需求来源于能源、交通、电子、医疗等领域。随着科技的进步和新兴产业的发展,工业陶瓷的应用范围日益广泛,应用于结构件、功能件等领域,市场需求稳步增长。工业陶瓷产品包括高温陶瓷、氧化锆陶瓷、碳化硅陶瓷等,高强度、高硬度、高耐磨性等性能使其在众多领域具有重要应用价值。

电子陶瓷市场需求与电子元器件产业密切相关。随着5G、物联网、新能源汽车等领域的快速发展,电子陶瓷行业的市场需求不断增长,尤其是多层陶瓷电容器、微波介质陶瓷、半导体陶瓷等方面的市场需求。电子陶瓷产品具有高精度、高稳定性、低损耗等特点,是现代电子产业中不可或缺的关键材料。

陶瓷市场需求会受到经济、政策、技术创新等因素的影响。例如,政府对新能源、电子元器件等领域的政策扶持,将带动相关陶瓷产品的市场需求。此外,新型陶瓷材料、陶瓷3D打印、纳米陶瓷等新技术、新产品在航空航天、生物医疗、新能源等领域具有广泛应用前景。

陶瓷行业市场需求日益多元化。消费者越来越追求生活品质,各行各业也在不断提高对陶瓷产品性能的期望值,因此,陶瓷企业需要不断创新,提高产品品质,以满足市场需求。

总之,陶瓷行业市场需求广泛,各类陶瓷产品在各自领域发挥着重要作用。随着科技的进步和新兴产业的快速发展,陶瓷行业市场需求有望继续保持稳定增长。

(三) 行业风险

陶瓷行业属于重要的制造业领域,生产和销售陶瓷产品有着广阔的市场前景。然而,这个行业也面临着许多风险,这些风险可能会对企业的经营产生不利影响。以下我们将详细讨论陶瓷行业面临的主要风险。

1. 市场风险

市场风险是陶瓷行业面临的最大风险之一。由于市场竞争激烈,陶瓷企业必须不断推出新产品、新技术以满足消费者的需求。然而,这个过程需要大量的研发投入,如果陶瓷企业对于市场需求的预测有误,就可能导致产品滞销,进而影响陶瓷企业的收入和利润。此外,经济周期波动也会影响陶瓷市场的需求。在经济增长放缓或经济危机时期,消费者可能会减少对陶瓷产品的购买,从而导致市场需求下降。

2. 原材料风险

陶瓷生产的主要原材料是黏土、石英、长石等,这些原材料的价格波动会直接影响陶瓷企业的生产成本。近年来,黏土等原材料的供应逐渐紧张,价格也呈现出上涨趋势。如果原材料价格持续上涨,陶瓷企业的成本压力将加大,进而会影响企业的利润。

此外,原材料的质量也会影响陶瓷产品的质量和性能。如果陶瓷企业无法保证原材料的质量,可能会导致产品质量问题,进而影响陶瓷企业的声誉和市场地位。

3. 技术风险

陶瓷产业属于技术密集型产业,技术的不断进步和创新是推动行业发展的关键因素。然而,新技术的研发和应用需要投入大量的资金和时间,如果陶瓷企业无法及时跟上技术的发展,可能会面临技术落后的风险。此外,陶瓷生产过程中的技术难题也可能影响陶瓷企业的生产效率和产品质量。例如,陶瓷坯体的成型、烧结等过程都需要精准控制,陶瓷企业如果无法掌握这些技术,可能会导致产品质量不稳定,进而影响企业自身的市场竞争力。

4. 环保风险

在陶瓷的生产过程中,会产生大量的废气、废水和固体废物,如果陶瓷企业没有采取有效的环保措施,可能会对环境造成严重污染。近年来,我国政府加大了对环境的保护力度,对陶瓷企业的环保要求也越来越严格。如果陶瓷企业无法达到环保标准,可能会面临罚款、停产等风险。

5. 汇率风险

陶瓷行业是一个出口导向型行业,汇率波动对陶瓷企业的收入影响较大。如果陶瓷企业的主要市场为外汇波动较大的国家,那么汇率的变动可能会对陶瓷企业的收入产生不利影响。

综上所述,陶瓷行业面临着市场风险、原材料风险、技术风险、环保风险、汇率风险等多重风险。要想降低这些风险,陶瓷企业需要加强市场研究,准确把握市场需求,加大研发投入,提高技术水平和产品质量,同时,注重环保,积极履行社会责任。只有这样,陶瓷企业才能在激烈的市场竞争中获得生存与发展的空间。

第四章　陶瓷产业竞争情报的发展现状与挑战分析

第一节　陶瓷产业的发展历程与现状

在探讨陶瓷产业竞争情报的发展现状与挑战之前,我们必须首先回望历史,梳理陶瓷工艺的发展脉络,以及它在不断演变的市场环境下所呈现出的应对策略。陶瓷承载着丰富的文化内涵,从古埃及的釉面陶器到中国的青花瓷,再到现代的高科技陶瓷材料,陶瓷的发展历经数千年,见证了人类社会的进步与变迁,承载着丰富的文化内涵。以下主要梳理陶瓷产业的发展历程,分析全球陶瓷产业的发展现状,为读者深入理解陶瓷产业的竞争情报提供坚实的历史与现实基础。

一、陶瓷产业的历史演进

陶瓷产业作为一种历史悠久的传统产业,其历史演进漫长而曲折,同时也积累了许多重要的里程碑事件。在古代,陶瓷制品被广泛应用于生活和工艺品领域,成为文化传承的载体和重要的贸易商品。而随着时代的变迁和科技的进步,陶瓷产业也不断迎来新的发展机遇和挑战。以下主要对陶瓷产业的历史演进进行细致的探讨。

陶瓷产业的历史可以追溯到数千年前的古代文明时期,最早的陶瓷制品可追溯至新石器时代,具有悠久的历史渊源。古代陶瓷制品在中国、希腊、罗马等的古代文明中有着重要的地位,既是文明传承的载体,也见证了文明的传承。在中国,陶瓷制品更是成为国之瑰宝,代表着中华民族的文化精髓,并对世界陶瓷文化产生了深远的影响。

随着历史的发展,陶瓷产业在工艺革新和文化交融中不断壮大。宋代,汝窑、官窑等名闻天下的瓷器产区相继兴起,瓷器工艺的发展达到了巅峰,瓷器成为当时对外贸易的重要商品。同时,陶瓷制品也成为文人雅士的礼器和赏玩的艺术品,凝聚了深厚的文化底蕴。

随着工业革命的兴起,陶瓷产业也经历了现代化生产的转型。陶瓷制造工艺得到了革新和改进,逐渐向机械化、自动化的生产方式转变。同时,新材料和新工艺的引入,为陶瓷产业带来了全新的发展机遇和挑战,推动了陶瓷产品朝着多元化和高附加值方向发展。

随着文化产业的兴起和陶瓷艺术的复兴,陶瓷产业迎来了全新的发展时期。传统陶瓷工艺与现代设计相结合,推动了陶瓷制品在艺术市场和收藏市场的崛起。同时,新型陶瓷材料和工艺的不断涌现,为陶瓷产业的创新发展提供了新的动力来源。

陶瓷产业的文化传承、工艺革新、现代化生产和艺术创新等方面的发展,都为陶瓷产业的可持续发展奠定了坚实的基础。未来,陶瓷产业应秉承传统、开拓创新,积极为世界陶瓷文化的传承和发展贡献更多的力量。

二、全球陶瓷产业的发展现状与分布特点

在全球范围内,陶瓷产业已经形成了一个庞大而多元的产业体系。目前,全球陶瓷产业呈现出多元化和特色化的发展趋势,各个国家和地区的陶瓷产业规模和结构存在较大差异。发达国家陶瓷产业的创新能力强,产品具有高附加值,涵盖建筑陶瓷、工艺陶瓷、特种陶瓷等多个领域,其技术水平和品牌知名度居于全球前列;而发展中国家的陶瓷产业以规模化生产和低成本竞争为主要特点,主要生产建筑陶瓷、日用陶瓷等传统产品。这种发展现状反映了全球陶瓷产业的多样化和差异化特征。这种多样化和差异化不仅体现在产业规模和产品结构上,还体现在技术水平、市场竞争力、品牌影响力等方面。

三、中国陶瓷产业的发展现状及主要特点

中国是世界上最大的陶瓷生产国和消费国之一,具有悠久的历史传统和雄厚的产业基础。当前,中国陶瓷产业呈现出一系列显著的发展特点,主要表现在以下几个方面。

中国陶瓷产业规模巨大,拥有众多陶瓷生产企业和从业人员。这为陶瓷产业的发展提供了广阔的空间和多样化的发展前景。随着科技的不断进步和市场需求的不断变化,中国陶瓷产业不断进行技术创新和产品升级,在材料、工艺、设计等方面不断取得新突破,推动了陶瓷产品的品质和附加值的提升。中国陶瓷产业逐渐重视品牌建设和国际化发展,一大批知名陶瓷品牌在国际市场上崭露头角。通过提升产品品质、加强品牌推广和参与国际市场竞争,中国陶瓷企业逐渐提升了在国际市场上的竞争力。同时,中国陶瓷产品在国际市场上的知名度和美誉度也得到了显著提升,为中国陶瓷产业的国际化发展提供了有力支撑。

随着社会环境保护意识的增强和国家政策的倡导,中国陶瓷产业逐渐重视环保和可持续发展。在生产过程中,陶瓷企业加大了环保投入,推进了生产工艺的绿色化和清洁化,大力发展绿色环保型陶瓷产品。同时,陶瓷企业还积极承担社会责任,推动产业的可持续发展和社会的可持续进步。目前中国陶瓷产业发展规模巨大,朝着技术创新、国际化、环保、可持续等方向发展。

历史的车轮滚滚向前,从古至今,每一次技术的突破和市场的扩张都为陶瓷产业注入了新的生命力。中国是陶瓷大国,中国陶瓷产业的发展与创新更是走在了时代的前列,成为推动全球陶瓷产业进步的重要力量。然而,随着竞争的加剧,陶瓷产业的发展同样面临着诸多挑战和变数。在变革中找到自己的定位,通过技术创新和市场洞察来提升自身竞争力,将是陶瓷产业未来发展的关键。未来的道路或许布满荆棘,但只要不断探索与前进,陶瓷产业定能在历史的长河中书写出更加辉煌的篇章。

第二节　陶瓷产业的竞争格局分析

陶瓷产业是一个古老而又充满活力的产业,其竞争格局不仅受到技术进步、市场需求等方面的影响,还与区域经济发展、企业战略等方面紧密相关。本节将对全球陶瓷产业的主要竞争对手及其地区分布进行深入分析,解析中国陶瓷产业的竞争格局与竞争对手的状况,并对陶瓷产业竞争格局的变化趋势进行前瞻性的探讨。这些分析基于对海量的数据和信息的收集与整理,融入了对行业发展趋势的敏锐洞察,旨在为陶瓷产业的决策者和从业者提供一幅清晰的陶瓷产业竞争版图。

一、全球陶瓷产业的主要竞争对手及其地区分布

全球陶瓷产业的主要竞争对手及其地区分布是影响陶瓷产业竞争格局的重要因素。

首先,我们需要对陶瓷产业的主要竞争对手进行详细的分析。在全球范围内,中国、意大利、西班牙和土耳其被认为是陶瓷产业的主要竞争国家。中国作为世界陶瓷生产大国和出口大国,拥有丰富的陶瓷资源和一定的技术优势,其陶瓷产品性价比较高,在国际市场上具有竞争优势。意大利和西班牙则以其陶瓷工艺闻名,其高端陶瓷产品占据一定的市场份额。土耳其作为中东地区的陶瓷生产大国,其陶瓷产品在中东、非洲和欧洲市场上具有一定影响力。在全球范围内,这些国家的陶瓷产业竞争对手之间存在着激烈的竞争关系,不仅在产品质量、技术创新、设计风格等方面展开竞争,还在全球市场份额上进行争夺。同时,这些国家的陶瓷产业还面临着来自新兴市场的竞争挑战,如印度、越南等国家逐渐崛起,其陶瓷产品在国际市场上占有一席之地,对传统陶瓷产业的竞争格局产生了一定的影响。

在中国,广东、福建、江西、江苏等地是陶瓷产业的主要集聚区,拥有大量的陶瓷生产企业和丰富的陶瓷资源。意大利的乌尔比诺、西班牙的瓦伦西亚、土耳其的伊兹密尔等地是这些国家的陶瓷产业的重要集聚区。这些地区的陶瓷产业的集聚不仅形成了产业链完备、配套设施完善的产业集群,还在一定程度上形成了地区间的竞争格局。

总体而言,国家之间、地区之间的竞争与合作相互交织,共同构成了全球陶瓷产业的竞争格局。对于陶瓷企业来说,深入了解这些竞争对手及其地区分布,对于制定竞争战略、开拓市场具有重要的意义。

二、中国陶瓷产业的竞争格局与竞争对手分析

中国是世界陶瓷生产和消费大国,其陶瓷产业竞争格局备受关注。中国陶瓷产业呈现出多层次、多领域的竞争态势。在国内市场上,陶瓷产品的生产企业众多,市场竞争激烈。同时,随着国际市场需求的不断增长,中国陶瓷产品的出口也面临着来自全球各个国家和地区的竞争压力。这种多元化的竞争格局使得中国

陶瓷产业的竞争态势极为复杂。

在国内市场上，中国陶瓷产业的竞争主要体现在产品品质、价格、营销渠道和品牌影响力等方面。品质和技术创新是不同陶瓷企业之间陶瓷产品竞争的核心。一方面，一些大型陶瓷企业通过不断提升产品品质和技术水平、加强品牌建设、拓展营销渠道，来不断扩大市场份额。另一方面，小型陶瓷企业通过灵活的生产方式和差异化的产品定位，寻求在细分市场上的生存和发展。因此，国内陶瓷市场呈现出多层次、多元化的竞争态势。

在国际市场上，中国陶瓷产品出口面临着来自欧美国家、东南亚国家等的激烈竞争压力。这些国家和地区的陶瓷产品在设计、品质、品牌影响力等方面都具有一定的竞争优势。对于中国陶瓷企业而言，如何在国际市场上树立品牌形象，成为其面临的重大挑战。

在对中国陶瓷产业进行竞争对手分析时，我们需要全面了解国内外陶瓷企业的竞争态势和竞争策略。国内陶瓷企业之间的竞争主要体现在技术创新、产品品质和品牌建设等方面。而国外陶瓷企业则通过自身的设计能力、品牌影响力和营销渠道优势，对中国陶瓷产品构成竞争压力。

. 中国陶瓷产业面临着多层次、多领域的竞争格局，这要求中国陶瓷企业不断提升自身的竞争力，加强技术创新和品牌建设，寻求差异化的竞争优势，从而在激烈的市场竞争中立于不败之地。

三、陶瓷产业竞争格局变化趋势分析

近年来，随着消费的升级和生活方式的调整，陶瓷产品的需求结构发生了显著变化。传统的建筑陶瓷需求逐渐趋于稳定，而装饰陶瓷、家居陶瓷以及个性化定制陶瓷的需求逐渐增加。我们在进行竞争对手分析和市场需求预测时，应充分考虑这些变化趋势，以制定更加有效的竞争策略。

创新是推动陶瓷产业持续发展的重要动力，而创新的趋势也直接影响着陶瓷产业竞争格局的演变。当前，陶瓷产业创新主要集中在材料、工艺和设计等方面。新型环保材料的研发、数字化工艺的应用以及个性化定制设计的兴起，都对陶瓷产业竞争格局产生了重要影响。陶瓷企业在进行竞争对手情报收集和分析时，应密切关注产业创新的最新动态，把握产业发展的前沿方向，以保持竞争优势。

陶瓷产业的发展在不同地区呈现出明显的差异化特征，这种差异化对陶瓷产业竞争格局的演变起着至关重要的作用。一方面,一些传统陶瓷产业基地在面临资源环境约束的同时,也在技术创新和市场拓展方面遇到挑战;另一方面,一些新兴陶瓷产业基地则凭借着科技创新,逐渐崭露头角。因此,陶瓷企业在进行陶瓷产业竞争格局变化趋势分析时,应充分考虑不同地区的发展差异,以制定更加精准的竞争策略。

针对陶瓷产业竞争格局的变化趋势,相关研究提出了一系列对策:首先,陶瓷企业应加强市场调研,深入了解消费者的需求变化,及时调整产品结构,满足市场需求。其次,陶瓷企业应加大对技术创新的投入,提升产品品质和工艺水平,以提高竞争力。再次,陶瓷企业应加强区域合作,共同解决资源和环境问题,实现共赢发展。最后,陶瓷企业应加强品牌建设和营销策略创新,拓宽市场空间,提高市场占有率。

随着科技进步和消费升级的不断推进,市场需求将更加多元化,技术创新将更加深入,区域发展差异将更加显著。因此,对陶瓷产业竞争格局变化趋势进行持续分析和预测,对于陶瓷企业制定有效的竞争策略至关重要。陶瓷企业应当加强技术创新,深化对市场需求的理解,并构建高效的信息分析体系,以便在多变的市场环境中把握先机,持续提升自身的竞争力。同时,相关政府部门和行业协会也应加强政策引导和资源整合,共同推动陶瓷产业持续健康发展。

第三节 陶瓷产业的竞争优势与劣势

在探究陶瓷产业竞争情报的宏观视域中,细致地剖析产业的竞争优势与劣势成为必不可少的一环。本节着重分析陶瓷产业在全球化浪潮冲击和市场经济体系影响下的竞争地位,深入探讨陶瓷产业所拥有的核心竞争力,同时也不回避其面临的诸多挑战和不足。本节将梳理中国陶瓷产业在全球市场中的特殊地位,分析中国陶瓷产业的优势与短板,并进一步诊断中国陶瓷产业在发展过程中遭遇的问题与挑战。这一分析将为中国陶瓷产业竞争策略的制定和产业链的优化提供坚实的理论支撑,同时对于推动中国陶瓷产业健康可持续发展具有重要的启示意义。

一、全球陶瓷产业的竞争优势评估

全球陶瓷产业的竞争优势是影响陶瓷企业竞争力和市场份额的重要因素。以下将对全球陶瓷产业的竞争优势进行评估,以揭示其在全球市场中的地位和竞争力。

(一)产品质量方面

陶瓷产品作为一种高端消费品,其质量对消费者的购买决策起着至关重要的影响。全球陶瓷产业在产品质量上的优势主要表现在以下几个方面。

1. 工艺技术

全球陶瓷产业在工艺技术上具有较高的水平和丰富的经验。许多国家和地区的陶瓷企业在生产工艺、材料选择和产品设计等方面积累了丰富的经验,能够生产出质量优良、外观精美的陶瓷产品。

2. 质量控制

全球陶瓷产业注重质量控制,建立了严格的质量管理体系和检测标准。通过严格的生产流程控制、原材料选择和产品检测,陶瓷企业能够确保产品的质量稳定和一致性。

3. 创新设计

全球陶瓷产业注重产品的创新设计,不断推出符合市场需求和消费者喜好的新产品。通过不断研发和创新,陶瓷企业能够提供具有独特设计和差异化特点的产品,从而增强自身的竞争力。

(二)成本效益方面

成本效益是衡量企业市场竞争力的重要指标,对企业的盈利能力和市场占有率有着直接的影响。

1. 生产规模

全球陶瓷产业具有较大的生产规模,并能够通过规模效应降低生产成本。大规模生产能够减少单位产品的生产成本,提高生产效率,从而降低产品价格。

2. 原材料成本

全球陶瓷产业能够通过多渠道的原材料采购和合理的供应链管理,降低原材料成本。陶瓷企业可以选择价格较低的原材料,同时优化原材料使用,提高资源利用效率。

3. 劳动力成本

全球陶瓷产业在劳动力成本方面具有一定的竞争优势。一些发展中国家和地区的陶瓷企业能够利用相对较低的劳动力成本,降低产品的生产成本。

(三)市场拓展能力方面

市场拓展能力是企业在全球市场中获取更多市场份额和增加销售额的关键能力。

1. 销售网络

全球陶瓷产业拥有广泛的销售网络,能够通过多种渠道和销售模式将产品推向全球市场。陶瓷企业通过建立和拓展销售网络,能够更好地满足消费者的需求。

2. 品牌影响力

一些全球知名的陶瓷品牌在市场上拥有较高的品牌影响力和知名度。这些品牌凭借其优质的产品和良好的信誉,在市场竞争中占据优势地位,能够吸引更多消费者。

3. 市场调研能力

全球陶瓷产业注重市场调研,能够及时了解市场需求和消费者的喜好。陶瓷企业通过市场调研,能够推出符合市场需求的产品,从而增强市场竞争力。

全球陶瓷产业在产品质量、成本效益和市场拓展能力等方面具有竞争优势。随着全球化竞争的加剧和市场需求的变化,陶瓷企业需要不断提升竞争优势,以保持市场竞争力。

二、中国陶瓷产业的竞争优势与劣势分析

中国陶瓷产业作为全球陶瓷产业的重要组成部分,具有独特的竞争优势的同时,也存在一定的竞争劣势。以下将从多个维度深入分析中国陶瓷产业的竞争地

位,以期为行业发展和陶瓷企业决策提供科学依据。

(一)竞争优势

中国陶瓷产业的竞争优势主要体现在以下几个方面。

1. 丰富的陶瓷原料资源

中国拥有丰富的陶瓷原料资源,包括瓷石、瓷土等,为陶瓷产业的发展提供了坚实的物质基础。这些资源的丰富性不仅为陶瓷企业提供了原料保障,也为技术创新和产品研发提供了广阔的空间。

2. 悠久的陶瓷文化

中国拥有悠久的陶瓷文化,独特的陶瓷制作工艺增添了中国陶瓷产业的文化底蕴和艺术魅力,使得中国陶瓷产品在国际市场上具有较强的竞争力。

3. 大规模生产能力

中国陶瓷产业拥有庞大的生产规模和完善的产业链条,从原材料加工到成品制造,形成了完备的产业体系。这种规模效应为中国陶瓷企业在成本控制和市场供应上提供了显著的优势。

4. 技术创新能力

近年来,中国陶瓷产业在技术创新方面取得了长足进步,不断推动传统陶瓷工艺向现代化、智能化方向转变。这种技术创新能力为中国陶瓷产业赢得了更多的市场份额。

(二)竞争劣势

中国陶瓷产业在竞争中也体现出一些劣势,具体表现在以下几个方面。

1. 资源消耗和环境压力大

随着中国陶瓷产业的快速发展,陶瓷生产过程中的能源消耗和废水排放等方面的问题突出,亟待解决,这些对陶瓷企业的可持续发展构成了严峻挑战。

2. 低端产品过剩和价格竞争

中国陶瓷产业在发展中存在着低端产品过剩和价格竞争现象,这使得陶瓷企业在市场竞争中陷入了艰难境地,产品陷入同质化竞争,利润空间被不断挤压。

3.品牌建设不足和市场认可度低

相比国际知名品牌,中国陶瓷产品在国际市场上的品牌建设不足,市场认可度相对较低,这在一定程度上制约了中国陶瓷企业的国际化发展和市场拓展。

4.技术人才短缺和创新能力不足

尽管中国陶瓷产业在技术创新方面取得了进步,但与国际先进水平相比,仍存在一定差距。技术人才短缺和创新能力不足成为中国陶瓷产业发展的制约因素。

中国陶瓷产业具有独特的竞争优势,但也面临着一系列的竞争挑战。在未来的发展中,中国陶瓷产业需要通过技术创新、绿色发展和品牌建设等方式,不断提升自身的竞争力,实现可持续发展,加速国际化的进程。

三、陶瓷产业发展中存在的问题与挑战

陶瓷产业在长期发展过程中,面临着一系列的问题和挑战,这些挑战不仅来自市场需求和技术创新的变化,还涉及行业内部的结构性问题。首先,陶瓷产品的同质化问题严重,市场竞争日趋激烈。技术传承和市场需求相对单一,导致产品的同质化问题更加严重,陶瓷企业之间的竞争愈发激烈。在这种情况下,陶瓷企业难以找到差异化竞争的突破口,导致市场份额难以扩大。其次,陶瓷产业在技术创新方面面临着不小的挑战。随着科技的不断进步,消费者对于产品的要求也在不断提高,传统的陶瓷产品已经无法满足市场的需求。因此,陶瓷产业需要加大对于新材料、新设计、新工艺等方面的研发力度,以满足市场的多样化需求。再者,陶瓷产业的环保和可持续发展方面的问题亟待解决。传统的陶瓷生产过程存在着能耗高、污染严重等问题,这不仅给环境带来了巨大的压力,也制约了陶瓷产业的可持续发展。因此,陶瓷产业需要加大对环保技术的研发和推广,实现绿色生产,减轻对环境的影响。此外,陶瓷产业在国际市场上也面临着激烈的竞争。随着全球化的进程不断推进,国际市场对于陶瓷产品的需求也在不断增加,而且国际竞争对手的实力也日益强大,这对国内陶瓷企业构成了巨大的竞争压力。因此,陶瓷产业需要加强对国际市场的研究和开拓,提高自身在国际市场上的竞争力。综上所述,陶瓷产业在发展中面临诸多问题与挑战,需要陶瓷企业与政府共同努力,制定有效的对策和措施,推动陶瓷产业的可持续发展和竞争力的提升。

通过对陶瓷产业的竞争优势与劣势的系统分析,我们不难发现,陶瓷产业在

经济全球化的发展大势中既展现出独特的韧性,也暴露出不容忽视的短板。技术创新能力的提升和高效的情报分析体系的建立,是推动产业优势最大化和劣势转化的关键。本节内容旨在为陶瓷产业的参与者提供一种全面、系统的竞争情报分析框架,引导陶瓷企业在激烈的市场竞争中形成对竞争格局的细致洞察和对策略调整的敏捷感知,进而促进陶瓷产业长期繁荣发展。

第四节 陶瓷产业的竞争情报收集与分析方法

一、陶瓷产业竞争情报收集渠道与方法论述

陶瓷产业属于重要的传统产业,其竞争情报的收集渠道与方法至关重要。以下将系统论述陶瓷产业竞争情报的收集渠道和方法,以期为相关理论研究和实践提供科学的指导和支持。

(一)陶瓷产业竞争情报的收集渠道

陶瓷产业竞争情报的收集渠道主要包括以下几个方面。

1. 行业协会与组织

陶瓷产业的行业协会和组织,如中国陶瓷工业协会、国际陶瓷联盟(International Ceramic Federation,ICF)等,是重要的情报收集渠道。这些协会和组织通常汇聚了行业内的专家学者和企业代表,能够提供行业发展趋势、技术创新动态、市场需求分析等方面的信息。

2. 专业咨询机构

专业的咨询机构如国际市场研究公司、行业分析机构等,通过其广泛的信息渠道和专业的分析能力,能够提供全球范围内的陶瓷产业竞争情报,包括市场规模、竞争格局、技术创新趋势等方面的信息。

3. 市场调研报告

针对陶瓷产业的市场调研报告,是重要的情报收集渠道。这些报告通过对市场需求、消费者行为、竞争对手动态等方面的调研,为陶瓷企业提供了宝贵的竞争情报。

（二）陶瓷产业竞争情报的收集方法

1. 数据挖掘与分析

陶瓷企业可以利用现代信息技术手段,对海量的陶瓷产业数据进行挖掘和分析,从而获得潜在的竞争对手动态、市场需求变化、产品创新趋势等方面的信息,为制定竞争策略提供数据支持。

2. 竞争对手情报收集

陶瓷企业可以对竞争对手的产品、营销策略、技术创新等方面情报进行收集和分析,从而了解竞争对手的优势和劣势,并据此来调整自身发展战略,提升自身的竞争力。

3. 市场需求调查

陶瓷企业可以定期进行市场需求调查,收集消费者偏好、购买意向、产品需求变化等方面的信息,并据此来调整自身产品的结构和营销策略,以适应市场变化。

二、陶瓷产业竞争情报分析模型与工具介绍

在陶瓷产业的竞争情报分析中,使用合理有效的工具和模型是至关重要的。以下将介绍几种常用的陶瓷产业竞争情报分析模型与工具,以帮助陶瓷企业更好地理解市场动态和竞争态势。

（一）SWOT分析模型

SWOT分析模型是一种常用的竞争情报分析模型,通过对企业的优势(Strengths)、劣势(Weaknesses)、机会(Opportunities)和威胁(Threats)进行系统梳理和分析,帮助企业全面了解自身优势和劣势以及外部环境中的机会和威胁。陶瓷企业可以通过SWOT分析模型清晰地发现自身在技术创新、品牌影响力、市场渗透等方面的优势和劣势,同时也能及时把握市场机会和应对潜在威胁。

（二）波特五力分析模型

波特五力分析模型是一种常用的竞争情报分析模型,通过对买家能力、供应商能力、替代品威胁、新进入者威胁和现有竞争者之间的竞争关系进行深入分析,帮助企业全面了解市场竞争的激烈程度和产业的利润分配情况。陶瓷企业可以利用波特五力分析更好地把握市场竞争态势,制定相应的竞争策略。

(三) PESTEL 分析模型

PESTEL 分析模型是一种宏观环境分析工具,通过对政治(Political)、经济(Economic)、社会(Social)、技术(Technological)、环境(Environmental)和法律(Legal)六个方面的因素进行综合评估,帮助企业了解外部环境的变化及其对企业的影响。利用 PESTEL 分析模型,陶瓷企业可以更好地把握产业政策、经济形势、社会需求、技术发展、环境保护和法律法规等方面的变化,从而做出相应的决策。

(四) 竞争对手分析工具

竞争对手分析工具是对竞争对手进行深入研究的工具,通过对竞争对手的市场地位、产品特点、市场策略、财务状况等进行全面分析,帮助企业更好地了解竞争对手的优势和劣势,制定应对策略。陶瓷企业可以利用竞争对手分析工具更好地把握竞争对手的动态,及时调整自身策略以应对市场竞争。

(五) 技术创新评估模型

技术创新评估模型是对技术创新进行评估的工具,通过对技术投入、研发能力、技术成果等方面进行系统评估,帮助企业了解自身的技术创新水平和发展趋势。陶瓷企业可以利用技术创新评估模型更好地把握技术创新的方向和重点,从而推动陶瓷产业的可持续发展。

以上介绍的几种竞争情报分析工具与模型,都可以为陶瓷企业提供全面的市场情报和竞争分析,有助于陶瓷企业更好地把握市场动态,制定有效的竞争策略,提升竞争力,实现可持续发展。

在陶瓷产业竞争情报的收集过程中,陶瓷企业应该采用多种方法来获取全面的信息,包括:通过行业报告、市场调研和专业期刊等途径收集行业内的最新动态;通过参加行业展会和交流会议,与同行进行深入交流,获取实时的市场信息和竞争对手的动态;利用互联网和社交媒体平台进行信息收集,通过网络监测工具跟踪竞争对手的活动和市场反馈,以获取更加及时的情报。综合运用各种情报收集方法,有助于陶瓷企业获取到全面、准确的竞争情报。

在收集到大量的竞争情报后,陶瓷企业需要对其进行有效的分析,包括:采用 SWOT 分析模型,对自身的优势、劣势,以及外部环境中的机会和威胁进行全面梳理和评估;运用波特五力分析模型分析陶瓷行业内的竞争格局,评估供应商、买家、替代品和新进入者的竞争力,从而制定相应的竞争策略;运用 PESTEL 分析模型,对政治、经济、社会和技术等外部环境因素进行全面分析。陶瓷企业可以通过综合运用多种情报分析方法,更好地洞察市场动态,把握机遇,迎接挑战。

对收集到的情报进行分析后,陶瓷企业需要将其应用到实际的战略制定和决策中,包括:通过建立情报库,形成情报报告,将情报信息系统化和可视化;利用情报预警系统,及时监测市场变化和竞争动态;建立情报分享机制,让情报信息流动起来,促进陶瓷企业内部的沟通和协作,提高决策的准确性和效率。通过将情报应用到实际的管理和决策中,陶瓷企业可以更好地应对市场竞争,提升竞争力。

当前市场竞争激烈,科学有效的情报收集、分析和应用,将成为陶瓷企业在市场竞争中立于不败之地的重要保障。陶瓷产业竞争情报的收集与分析属于涉及多学科、多技术、多环节的综合性工作,要求陶瓷企业具备全局的视角和敏锐的洞察力,以便陶瓷企业捕捉到那些对提升自身竞争力至关重要的信息。在此过程中,陶瓷企业需要根据自身的资源状况和市场定位,选择合适的情报收集渠道和分析工具,构建起一套科学有效的情报分析体系。本书介绍了一些具有代表性的方法论以及相关分析框架,旨在为陶瓷产业的企业决策者提供参考,帮助他们在信息爆炸的时代中筛选出有价值的数据,从而更加精准地把握市场脉搏,预见行业动向。未来,随着信息技术的不断进步和数据分析工具的日益完善,陶瓷产业竞争情报的收集与分析方法将更加多元化、精细化,这不仅有助于陶瓷企业明晰市场导向,还将促进整个陶瓷产业的创新发展和竞争力的提升。

第五节　陶瓷产业的竞争对手情报分析

一、全球主要陶瓷企业的竞争状况分析

全球陶瓷企业众多,主要分布在中国、意大利、西班牙、印度、土耳其等国家。这些陶瓷企业在陶瓷产品的生产、销售和技术创新方面发挥着重要作用,对全球陶瓷市场的竞争格局产生着深远影响。以下将从不同的角度对这些陶瓷企业的竞争状况展开详细分析。

(一)企业规模与产能分布

中国作为全球陶瓷生产大国,拥有众多陶瓷企业,其中一些陶瓷企业拥有大

规模的生产基地和先进的生产设备,具有较强的产能优势。意大利和西班牙的陶瓷企业则以精细化生产为主,产品高端,技术含量高,产能相对较小。印度和土耳其的陶瓷企业整体规模和技术水平较为落后,但在低端产品的生产方面具有一定的竞争优势。

(二) 技术创新与产品差异化

中国的陶瓷企业的技术创新日益突显,不断引进先进的生产技术和设备,推动产品质量和品种的改进,逐渐向中高端产品市场发展。意大利和西班牙的陶瓷企业则注重产品设计和工艺创新,打造高端、奢华的产品形象,赢得了消费者的青睐。印度和土耳其的陶瓷企业在技术创新方面相对落后,主要以低端产品和传统工艺为主,产品差异化程度相对较低。

(三) 市场拓展与国际竞争

中国的陶瓷企业通过不断开拓国际市场,加强国际合作与交流,逐渐在国际市场上占据了一席之地。意大利和西班牙的陶瓷企业在国际市场上拥有较强的品牌影响力和较多的市场份额,在国际市场上居于领先地位。印度和土耳其的陶瓷企业在国际市场上面临较大的挑战,主要集中在低端产品市场,国际竞争力相对较弱。

通过以上分析我们可以看出,全球主要陶瓷企业在规模、产能、技术创新、产品差异化、市场拓展和国际竞争等方面呈现出多样化的竞争特征。各个国家和地区的陶瓷企业在竞争中展现出各自的优势与劣势,形成了多层次、多元化的竞争格局。

二、中国陶瓷产业的主要竞争对手情报收集与分析

在陶瓷产业竞争对手情报的收集与分析中,中国陶瓷产业的主要竞争对手是我们关注的焦点。我们需要确定中国陶瓷产业的主要竞争对手。根据市场调研和企业调查,我们可以将陶瓷企业品牌分为以下几个类别。第一类是国内大型陶瓷企业品牌,如新明珠陶瓷、简一陶瓷、乐华陶瓷等。这些陶瓷企业在技术实力、产品质量和品牌知名度方面具有较强的竞争优势。第二类是国外陶瓷企业品牌,如意大利的罗伯塔、西班牙的塞内利亚等。这些陶瓷企业在设计创新和市场开拓

方面具有一定的竞争优势。第三类是国内小型陶瓷企业品牌,如一些地方性的陶瓷企业品牌。这些陶瓷企业在成本控制和渠道管理方面具有一定的竞争优势。

在收集这些竞争对手的情报时,我们可以采用多种方法,包括:通过分析竞争对手企业官方网站上的信息,了解其企业规模、经营状况等;通过行业协会的调研报告和研究机构的研究报告来获取行业的整体情况和竞争对手的相关信息;通过行业展会、产品发布会和行业研讨会等途径,与竞争对手企业的相关人员进行交流和沟通,获取更为详细的情报信息。

在分析竞争对手情报时,我们可以从多个维度进行分析,包括:从竞争对手企业的产品创新能力和技术研发实力入手,分析其在技术领域的优势和劣势;从竞争对手企业的市场份额和品牌影响力入手,分析其在市场方面的竞争优势和劣势;从竞争对手企业的生产成本和渠道管理等方面入手,分析其在成本控制和渠道管理方面的竞争优势和劣势。

通过对中国陶瓷产业主要竞争对手的情报进行收集与分析,我们可以得出一些结论和启示:其一,我们应该认识到中国陶瓷企业的竞争对手不仅是国内陶瓷企业,还包括国外陶瓷企业。其二,我们应该重视竞争对手企业的产品创新能力和市场开拓能力,通过加强技术研发和品牌建设,提升自身的竞争力。此外,我们还应该注重成本控制和渠道管理,提高陶瓷产品的市场竞争力。

三、陶瓷产业主要竞争对手的发展战略分析

(一)对主要竞争对手进行介绍

在当前市场环境下,陶瓷产业的竞争对手主要包括国内外知名陶瓷企业、跨国公司以及新兴陶瓷品牌。这些竞争对手在市场份额、产品创新、品牌影响力等方面具有一定的竞争优势,对于陶瓷产业的发展格局具有重要影响。

(二)对主要竞争对手的发展战略进行分析

(1)国内外知名陶瓷企业在产品研发和市场拓展方面具有较强的实力,通过不断创新和技术升级,提高产品质量和品牌知名度,以稳健的发展战略助力企业持续增长。

(2)跨国公司依托全球化资源优势,通过跨地区合作和品牌整合,实现全球市

场的布局和渗透,为其发展战略注入新动力。

(3)新兴陶瓷品牌通过差异化定位和创新营销策略,加速品牌建设和市场渗透,形成具有竞争力的发展战略。

在对主要竞争对手的发展战略进行分析的基础上,我们进行对比分析,通过对比不同竞争对手的发展战略,可以发现它们在产品定位、市场拓展、品牌建设等方面存在的差异化特点,这些能为陶瓷产业的发展提供有益启示,同时,也有助于陶瓷企业制定更具针对性的竞争策略,从而提升自身的市场竞争力。

(三)对主要竞争对手的发展趋势进行展望,提出建议

我们可以通过对竞争对手的发展趋势进行分析,为陶瓷企业的战略规划和决策制定提供科学依据,促进行业健康发展。

通过以上这些深入的分析,我们能够更好地洞察市场动态,预见行业发展趋势,为制定更为科学、精准的市场策略和竞争对策提供坚实的理论支撑。对竞争对手进行系统的情报分析,有助于提高陶瓷企业的市场敏感度和应变能力,使其在日益白热化的市场竞争中,占据先机,赢得发展。

第六节 陶瓷产业的市场需求情报分析

进入21世纪以后,全球经济格局经历了剧烈的变动,新兴市场的崛起以及传统市场的变革,使得陶瓷产业的竞争环境变得愈加复杂。陶瓷的应用领域不断拓宽,市场需求日益增长,业界对陶瓷产业的竞争情报分析也提出了更高的要求。本节将聚焦于陶瓷产业的市场需求情报分析,分别从全球陶瓷产品市场与中国陶瓷产品市场的宏观视角,探讨市场需求的现状、发展趋势与变化,以揭示陶瓷产品市场未来发展的可能性与方向。

一、全球陶瓷产品市场需求分析

通过对全球范围内陶瓷产品市场的需求情报进行深入研究和分析,陶瓷企业可以更好地把握市场动态,制定有效的市场策略,提升竞争力。在进行全球陶瓷产品市场需求分析时,陶瓷企业需要考虑到不同地区、不同产品类型和不同消费群体的需求特点,以及市场需求的发展趋势和变化规律。

(一)全球陶瓷产品市场需求的整体情况

在全球范围内,陶瓷产品的市场需求呈现出多样化和差异化的特点。随着人们生活水平的提高和审美观念的转变,陶瓷产品的应用范围不再局限于传统的日常生活用品领域,而是涵盖了建筑装饰、艺术品、礼品等多个领域。因地域、文化等因素的差异,不同地区对陶瓷产品的需求也存在差异,例如,亚洲地区对传统陶瓷工艺品的需求旺盛,而欧美地区对现代设计的陶瓷产品有较高需求。

(二)全球陶瓷产品市场需求的细分情况

陶瓷产品市场需求可以根据产品类型、用途和消费群体进行细分。例如,日用陶瓷、装饰陶瓷、工艺陶瓷等不同类型的陶瓷产品在市场上的需求特点各异,而不同消费群体对陶瓷产品的需求也有所不同,例如,年轻人更倾向于时尚、个性化的陶瓷产品,而中老年人更注重陶瓷产品所体现出的传统文化和品质。

(三)全球陶瓷产品市场需求的发展趋势和变化规律

随着科技的进步和生活方式的改变,陶瓷产品市场需求也在不断发生变化。例如:随着数字化和智能化的发展,陶瓷产品在智能家居、科技装饰等领域的需求逐渐增加;环保、健康成为消费者购买陶瓷产品的重要考量因素,对无铅、无辐射等的绿色环保陶瓷产品的需求也在逐渐增加。

(四)全球陶瓷产品市场需求的影响因素分析

全球陶瓷产品市场需求受多种因素影响,包括经济发展水平、文化传统、消费观念、政策法规等。在不同国家和地区,这些因素对陶瓷产品市场需求的影响程度各异,需要陶瓷企业结合当地实际情况进行针对性分析和应对策略的制定。

总的来说,全球陶瓷产品市场需求分析是一个复杂而多维的课题,需要综合考虑全球范围内的市场情况和趋势,以及不同地区、不同消费群体的需求特点。只有深入了解和分析全球陶瓷产品市场的需求,陶瓷企业才能更好地把握市场机遇,制定有效的市场策略,从而提升竞争优势,实现可持续发展。

二、中国陶瓷产品市场需求与趋势分析

在中国陶瓷产品的市场需求与趋势分析中,我们首先要关注的是市场的整体需求情况。中国作为世界上最大的陶瓷生产国和消费国,其市场需求情况对于全

球陶瓷产业具有举足轻重的影响。在过去几年中,中国陶瓷产品市场需求呈现出了一些新的特点。

随着国内经济的持续增长和居民生活水平的提高,陶瓷产品的需求量逐渐增加。消费者对于生活品质和环境健康的关注度不断提升,对于高品质、环保、功能性陶瓷产品的需求也日益增加。这为陶瓷产品市场提供了更广阔的发展空间。

随着互联网和电子商务的快速发展,线上销售渠道逐渐成为陶瓷产品的重要销售方式。消费者可以通过电商平台更便捷地获取到各种陶瓷产品信息,并进行购买。这也带动了陶瓷产品市场的快速发展。

随着中国城乡建设和旅游业的不断发展,消费者对于陶瓷装饰、建材和工艺品的需求也在不断增加。这些需求的变化和增长,为陶瓷产业提供了更多的发展机遇和挑战。

在市场需求的趋势分析中,我们需要关注未来几年中国陶瓷产品市场的发展方向。随着消费者对于个性化、定制化产品的需求的增加,陶瓷产品的设计与创新将成为市场竞争的关键。同时,环保、健康、可持续发展也将成为陶瓷产品市场的发展主旋律,这些对产品材料、生产工艺、品质标准都提出了更高的要求。

此外,随着国际市场的开放和全球化竞争的加剧,中国陶瓷产品的出口市场在迎来更多发展机遇的同时,也将面临更大的挑战。国际化设计、市场营销和品牌建设将成为陶瓷产品未来发展的重点方向。

中国陶瓷产品的市场需求与趋势分析显示出了市场需求的变化,以及市场发展的新方向,这为陶瓷产业的相关企业提供了重要的市场信息参考。

三、陶瓷产品市场发展趋势预测

在当前经济全球化的发展背景下,陶瓷产业已成为一个备受关注的产业,其产品广泛应用于建筑材料、家居装饰、工艺品等领域。因此,对陶瓷产品市场的发展趋势进行预测,对于陶瓷企业制定战略决策具有重要意义。

从市场需求的角度来看,陶瓷产品市场将呈现出多元化和个性化的发展趋势。随着人们生活水平的提高和消费观念的变化,消费者在购买陶瓷产品时,更加注重产品的品质、设计和个性化定制。因此,传统的陶瓷产品的发展将面临更大的挑战,而高端定制化、个性化和功能性强的陶瓷产品将成为未来市场的主流。

从技术创新的角度来看,陶瓷产品市场将呈现出智能化和环保化的发展趋势。随着科技的不断进步,智能陶瓷产品将成为陶瓷产业未来主要的发展方向。例如,智能马桶、智能瓷砖等产品将成为市场的新宠,以满足消费者对于生活品质的追求。同时,环保型陶瓷产品也将成为市场的热门产品,符合绿色环保理念的陶瓷产品将受到越来越多的消费者的青睐。

随着全球化进程的不断推进,陶瓷产品市场将面临更加激烈的竞争。同时,不同国家和地区的文化差异也将影响到陶瓷产品的设计和推广。因此,陶瓷企业需要更加注重对全球市场的开拓和布局,以应对未来市场的挑战。

未来陶瓷产品市场的发展趋势预测涉及市场需求、技术创新和市场格局等多方面的因素,陶瓷企业需要更加注重产品的品质和设计,加大对智能化和环保化产品的研发力度,同时积极拓展全球市场,以适应未来市场的发展趋势。

在全球化与本土化的双重影响下,陶瓷产业的市场需求呈现出复杂而多样的特点。陶瓷企业在面对不断变化的市场环境时,必须提升自身的情报分析能力,以应对市场的波动和挑战。准确把握市场需求情报有助于陶瓷企业在竞争激烈的陶瓷产业中保持领先地位,实现可持续发展。未来的市场环境将更加注重产品的创新与满足消费者的个性化需求,因此,陶瓷企业应加大对技术研发的投入,不断优化产品结构,提升市场应变能力。在此基础上,构建高效的市场需求情报分析体系,将成为陶瓷企业获取竞争优势、制定精准市场策略的关键。随着大数据、人工智能等技术的发展和应用,陶瓷产业的情报分析将更加精细化、智能化,并为陶瓷企业带来新的发展机遇。

第七节 陶瓷产业的技术创新与发展趋势

随着全球化进程的推进和科技的快速发展,陶瓷产业面临着新的发展机遇与挑战。技术创新作为推动产业发展的核心动力,不断塑造着陶瓷产业的竞争格局。在深入分析了陶瓷产业的竞争现状和市场需求情报之后,本节将聚焦于技术创新与发展趋势进行论述:首先,探讨全球陶瓷产业在技术创新方面的现状与发展趋势,主要涉及先进材料的研发、智能制造的应用、环境保护与节能减排的技术进步等方面;其次,探讨中国陶瓷产业在技术创新方面的现状与发展趋势,着重分析中国市场特有的发展机遇和面临的挑战;最后,通过对陶瓷产业技术创新对陶瓷企业竞争力的影响的分析,揭示技术创新是陶瓷企业赢得市场竞争的关键因素。

一、全球陶瓷产业技术创新现状与发展趋势分析

(一)技术创新现状分析

全球陶瓷产业的技术创新现状呈现出多元化和差异化的特点。在传统陶瓷生产领域,各国陶瓷企业仍在不断改进传统生产工艺,提高产品质量和生产效率。同时,随着数字化技术的发展,陶瓷行业也开始应用3D打印、智能制造等新兴技术,为陶瓷产品的设计和制造带来了革新。此外,生物陶瓷、功能陶瓷等新型陶瓷的研发和应用也在不断推动陶瓷产业的技术创新。

(二)技术创新发展趋势分析

未来,全球陶瓷产业的技术创新将呈现出以下趋势。首先,数字化和智能化技术将在陶瓷生产中得到更广泛的应用,从原材料的采购到产品的设计、制造,都将实现智能化和自动化。其次,新材料的研发和应用将成为陶瓷产业技术创新的重要驱动力,特别是在高性能陶瓷、生物陶瓷等领域。最后,绿色环保、节能减排将成为陶瓷技术创新的重要方向,推动陶瓷产业向可持续发展方向迈进。

(三)技术创新对陶瓷产业的影响

技术创新对陶瓷产业的影响主要体现在产品质量的提升、生产效率的提高和产品创新能力的增强等方面。通过技术创新,陶瓷产品的工艺将更加精密、制造将更加高效,产品的功能和性能将得到进一步提升,从而满足不同领域对陶瓷产品的多样化需求。同时,技术创新也将推动陶瓷产业的转型升级,提升陶瓷产业的核心竞争力。

(四)技术创新所带来的挑战

在面对技术创新带来的机遇的同时,陶瓷产业也将面临一些挑战。首先,技术创新需要大量的科研投入和人才支持,陶瓷企业需要加大对研发的投入,加强人才培养,提升自主创新能力。其次,技术创新也需要陶瓷产业加强与其他行业的合作与交流,促进跨界融合和创新,拓展陶瓷产品的应用领域。最后,政府部门需要出台相关政策,为陶瓷产业的技术创新和转型升级提供支持。

全球陶瓷产业的技术创新呈现出多元化和差异化的发展态势,技术创新将成

为推动陶瓷产业可持续发展的重要动力。然而,陶瓷产业在技术创新过程中也面临着一系列挑战,为应对这些挑战,陶瓷企业需要加大自主创新力度,加强合作交流,共同推动陶瓷产业的发展。

二、中国陶瓷产业技术创新现状与发展趋势分析

中国陶瓷产业一直以来都是世界陶瓷产业的重要组成部分,其技术创新现状和发展趋势备受关注。当前,受到全球经济环境变化的影响,在技术进步的推动下,中国陶瓷产业的技术创新现状和发展趋势也呈现出一系列新特点。

(一)技术创新现状分析

中国陶瓷产业在技术创新方面取得了显著的进步,包括:传统的手工艺制作逐渐向数字化、智能化转变,采用了先进的生产工艺和设备,提高了生产效率和产品质量;在材料科学和工艺技术方面,陶瓷材料的研发和应用不断创新,新型陶瓷产品的涌现为产业发展注入了新活力;智能制造和物联网技术的应用,使得生产过程更加智能化和自动化,提升了陶瓷产业的竞争力。

(二)技术创新发展趋势分析

在技术创新的发展趋势方面,中国陶瓷产业呈现出以下特点:以数字化、智能化为主导的技术创新发展趋势日益凸显,陶瓷企业加大了对先进技术的研发投入,推动了陶瓷产业向智能制造方向迈进;环保、节能、绿色制造成为陶瓷产业技术创新的重要方向,新型环保材料和生产工艺的应用不断推动陶瓷产业的可持续发展;传统陶瓷工艺与新兴科技的融合成为未来技术创新发展的重要趋势,如陶瓷生产与3D打印技术的结合,拓展了陶瓷产业的发展空间。

(三)技术创新所带来的挑战

然而,中国陶瓷产业在技术创新方面仍面临一些挑战。首先,传统陶瓷产业的技术人才储备和培养仍然存在不足之处,亟须加大对技术人才的培训和引进力度。其次,陶瓷产业在智能制造和新材料应用方面相对滞后,需要加强与国际先进水平的对接。最后,技术标准和规范的制定和执行亟待加强,以促进陶瓷产业的技术创新和产品质量提升。

（四）对于技术创新的展望

即使面临着种种挑战，中国陶瓷产业技术创新的未来依然充满希望。随着国家不断加大对技术创新的政策支持力度，陶瓷产业将加快推进数字化、智能化、绿色化发展，实现由大到强、由粗放式增长向绿色可持续发展的转变。同时，陶瓷产业将更加注重创新和人才培养，加强国际合作，不断拓展市场，走出一条中国特色陶瓷产业技术创新之路。

三、陶瓷产业技术创新对于陶瓷企业竞争力的影响的分析

陶瓷产业是一个既传统又不断创新的行业，技术创新对于陶瓷企业的竞争力有着至关重要的影响，包括提升产品质量、控制成本等方面。在全球化与信息化的大背景下，技术创新不仅是陶瓷企业竞争的利器，还是陶瓷产业实现可持续发展的必由之路。陶瓷企业需要积极拥抱新技术，通过技术创新来实现产品的升级和产业结构的优化。陶瓷企业亦需构建并完善情报分析体系，精准捕捉市场动态，以快速响应市场变化，制定符合自身发展实际的战略规划。未来，陶瓷产业的技术创新将更加注重绿色环保、智能化和个性化，陶瓷企业的竞争力将在技术迭代和创新中得到提升。

第八节　陶瓷产业的竞争策略与对策

本节将具体阐述在激烈的市场竞争环境下，陶瓷产业该如何通过制定精准有效的竞争策略与对策来提升行业内企业的竞争力与可持续发展能力：首先，从全球陶瓷产业的角度出发，分析国际市场上的竞争策略及其效果，探讨如何在全球化的背景下，通过情报分析与技术创新来获取竞争优势；其次，聚焦中国陶瓷产业，深入研究其竞争策略和对策，以及如何根据国内市场的实际情况进行调整和优化；最后，展望未来陶瓷产业的竞争策略，指出在陶瓷行业发展趋势下陶瓷企业应如何预见市场变化，不断创新和改进，以应对未来可能出现的各种挑战。

一、全球陶瓷产业竞争策略分析

陶瓷产业作为一种传统的制造业,面临着全球化竞争的挑战。在全球范围内,陶瓷产业的竞争已经日益激烈,各个国家和地区的陶瓷企业都在积极培养竞争优势。因此,了解全球陶瓷产业的竞争策略是非常重要的。

(一)技术创新

全球陶瓷产业竞争策略的核心是技术创新。陶瓷产品的质量和性能取决于陶瓷企业的技术水平。因此,陶瓷企业需要不断投入研发资源,加强技术创新能力,通过引进高新技术、培养人才、加强合作等方式,提升技术实力,推动陶瓷产业的创新发展。

(二)开拓市场

随着全球市场的不断扩大,陶瓷产品的需求也在不断增加。陶瓷企业需要加强市场调研,了解消费者需求,制定精准的市场开拓策略。同时,陶瓷企业可以通过市场差异化、品牌建设等手段来提高产品的竞争力,增加市场占有率。

(三)国际化发展

通过与国外企业合作,陶瓷企业可以获取更多的资源和市场机会,实现国际化发展。同时,国际化有助于陶瓷企业提升产品质量和品牌形象,使陶瓷企业在全球市场中获得更大的竞争优势。

(四)可持续发展

陶瓷企业需要注重环保和可持续发展,可以通过采用清洁生产技术、提升能源利用效率、开发可再生资源等方式,获得更大的竞争优势。

(五)品牌建设

陶瓷企业可以通过提升产品质量、加强品牌推广、建立品牌形象等方式,增强产品的市场竞争力,获得更多的市场份额。

全球陶瓷产业的竞争策略主要包括技术创新、开拓市场、国际化发展、可持续发展和品牌建设等方面。陶瓷企业需要全面考虑这些方面的因素,制定切实可行的竞争策略,以在激烈的竞争中取得优势地位,实现可持续发展。

二、中国陶瓷产业竞争策略与对策研究

(一)中国陶瓷产业的竞争策略分析

中国陶瓷产业作为全球陶瓷产业的重要组成部分,具有悠久的历史和深厚的文化底蕴。在当前全球化竞争的背景下,中国陶瓷产业面临着日益激烈的市场竞争和技术挑战。因此,制定有效的竞争策略对于中国陶瓷产业可持续发展至关重要。

1. 竞争策略定位

中国陶瓷产业应当明确定位,根据自身的竞争优势和劣势,制定相应的竞争策略。面对国际市场竞争时,中国陶瓷产业应当充分利用传统工艺和文化特色,打造中国特色品牌形象,提高产品附加值和文化含量,从而获得竞争优势。

2. 技术创新与研发投入

技术创新是提升陶瓷产业竞争力的关键因素之一。中国陶瓷产业应当加大对研发的投入,不断提升产品质量和工艺水平,推动陶瓷产品向高端化、精品化方向发展。同时,陶瓷产业应积极应用新材料、新工艺,推动产业整体的转型升级。

3. 品牌建设与营销策略

中国陶瓷产业在国际市场上的竞争需要依托品牌的力量。因此,陶瓷企业需要加强品牌建设,提升品牌知名度和美誉度,构建具有国际竞争力的品牌形象。同时,陶瓷企业应制定差异化的营销策略,深度挖掘产品的文化内涵,推动陶瓷产品在国际市场上的推广和销售。

(二)中国陶瓷产业的竞争对策研究

1. 市场情报分析与动态监测

中国陶瓷产业需要建立完善的市场情报收集与分析体系,深入了解国内外市场需求和潜在竞争对手的动态,通过对市场需求的多维度分析,及时把握市场变化,制定灵活的应对策略。

2. 陶瓷产业国际化战略

中国陶瓷产业应当积极拓展国际市场,可以通过参加国际陶瓷展览、开展文化交流活动等方式,寻求合作机会,从而提升国际竞争力。

3. 产业链整合与协同发展

在面对市场竞争时,中国陶瓷产业需要加强产业链上下游协同合作,实现资源共享和优势互补,推动整个产业链协同发展,同时,应积极与相关产业进行融合发展,提升整个产业的综合竞争力。

中国陶瓷产业在制定竞争策略和对策时,需要充分考虑国际市场竞争的特点,抓住技术创新和品牌建设两大核心要素,同时加强市场情报分析和产业协同发展,以此提升整体竞争力,保持竞争优势,实现可持续发展。

三、陶瓷产业未来发展的竞争策略展望

陶瓷产业未来将面临日益激烈的市场竞争和全球化挑战。在此背景下,制定有效的竞争策略将成为陶瓷企业在市场竞争中立于不败之地的关键。

(一)加强研发投入

未来,陶瓷产业需要加强研发投入,提高技术创新能力。通过持续不断地开发新材料、新工艺和新产品,陶瓷企业可以不断提升产品品质和性能,满足市场需求,获得差异化竞争优势。

(二)坚持市场导向

陶瓷企业需要深入挖掘市场需求,不断改进产品设计和营销策略,以更好地满足消费者的个性化需求。通过市场细分和定位,陶瓷企业可以更精准地把握市场脉搏,提前洞察市场发展趋势,制定灵活的营销策略,实现市场份额的持续增长。

(三)关注可持续发展

陶瓷产业应当注重环保和可持续发展,朝着绿色、低碳的方向发展。陶瓷企业可以通过提高生产过程的资源利用效率、降低环境污染排放等方式,实现可持续发展和环保生产,提升企业形象和市场竞争力。

(四) 加强国际合作

随着全球化进程的加快,陶瓷企业应当积极拓展海外市场,寻求国际合作机会,提高国际竞争力。通过技术引进、产业合作等方式,陶瓷企业可以加速产品国际化进程,实现全球市场的布局和拓展,提升国际竞争优势。

陶瓷产业未来发展的竞争策略展望涉及技术创新、市场导向、可持续发展、国际合作等多个方面。陶瓷企业需要综合考量市场环境和内外部资源,制定符合自身发展实际的竞争策略,以保持竞争优势,实现可持续发展。

在未来的一段时间内,陶瓷产业的竞争将更趋激烈。陶瓷企业要想在这样的市场环境中脱颖而出,就必须采取更加科学、系统的情报收集与分析方法,紧密结合技术创新与市场需求,制定并执行有效的竞争策略。

技术创新是促进陶瓷产业持续增长的关键因素,而对市场需求的细致洞察则是陶瓷企业制定竞争策略的基础。通过构建有效的竞争情报分析框架,陶瓷企业能够准确捕捉竞争动态,从而为应对市场竞争提供决策支持。相关研究指出,稳定的竞争格局背后隐藏着企业与企业之间、地区与地区之间发展不均衡的问题,竞争优势与劣势的差异化特征也日渐明显。因此,科学的情报收集与分析方法有助于陶瓷企业应对这些挑战。相关研究强调,陶瓷产业要想在激烈的市场竞争中保持领先地位,就必须不懈追求技术创新,并建立高效的情报分析体系,以确保对市场动态的连续监控,做出快速准确的决策反应。

第五章 陶瓷产业竞争的博弈分析

第一节 陶瓷产业概况与发展趋势

一、全球陶瓷产业概况

（一）全球陶瓷产业发展现状

陶瓷产业作为一个具有悠久历史的传统产业，在当今全球化的经济环境中，扮演着重要的角色。

在市场规模方面，全球陶瓷市场规模庞大，市场需求持续增长。随着人们生活水平的提高和消费观念的变化，陶瓷制品的应用领域不断拓展，涵盖建筑陶瓷、日用陶瓷、工艺陶瓷等多个领域，市场潜力巨大。

在创新方面，全球陶瓷产业在材料、工艺、设计等方面不断进行创新。随着科技的不断进步，新型陶瓷材料的研发及应用为陶瓷产业带来新的发展机遇。例如，采用先进的数控技术和仿生设计理念，生产出具有高强度、高韧性的陶瓷制品，拓展了陶瓷在建筑、航空航天、医疗等领域的应用范围。

在市场竞争方面，全球陶瓷产业竞争激烈，陶瓷企业之间的竞争主要体现在产品质量、品牌知名度、价格竞争等方面。在全球化的背景下，陶瓷企业面临着来自国内外各类竞争对手的挑战，因此必须不断提升自身核心竞争力，加强品牌建设，提高产品质量，降低生产成本，以赢得市场份额。

在产业发展趋势方面，全球陶瓷产业正朝着高端化、智能化、绿色化的方向发展。随着人们对生活品质要求的提高，陶瓷制品的设计、工艺、材料都将朝着更高水平发展。同时，环保、节能成为当前社会发展的主流趋势，陶瓷企业也在不断探索绿色生产模式，以推动产业可持续发展。

总的来说,当前全球陶瓷产业呈现出市场需求旺盛,技术不断创新,竞争激烈,朝着高端化、智能化、绿色化方向发展等特点。在全球经济一体化的大背景下,陶瓷产业需要不断适应市场变化,加强创新能力,提升竞争力,以实现可持续发展。

(二)全球陶瓷产业发展趋势

从市场需求的角度来看,随着生活水平的提高,人们对陶瓷产品的需求也在不断增长,特别是在建筑装饰、家居用品以及工业领域,陶瓷产品的需求量正在逐渐增加。未来,随着人口的增长和城市化进程的加快,陶瓷产品的市场需求将继续保持增长态势。

技术创新是推动陶瓷产业发展的重要驱动力。随着科技的不断进步,陶瓷制造技术也在不断改进。新型材料的应用、生产工艺的改进以及智能制造技术的发展,都将为陶瓷产业带来新的发展机遇。未来,陶瓷产业将更加注重技术创新,推动产业朝着高端化、智能化方向发展。

环保要求是陶瓷产业发展的重要考量因素。随着人们环保意识的提高,人们对陶瓷产品的环保性能也有了更高的要求。陶瓷企业需要加大环保投入,推动生产过程绿色化、清洁化,以满足市场和消费者对环保产品的需求。

国际竞争是陶瓷产业发展不可忽视的因素。随着全球化进程的加快,国际市场竞争愈发激烈。中国作为世界陶瓷制造中心和陶瓷生产大国,面临着来自国内外企业的竞争压力。未来,陶瓷企业需要提升自身的核心竞争力,加强品牌建设,拓展国际市场,提升陶瓷产品在国际市场上的竞争力。

综上所述,只有抓住时代发展的脉搏,不断创新,加强合作,提升技术水平和产品质量,陶瓷产业才能在激烈的市场竞争中立于不败之地,实现可持续发展。

二、中国陶瓷产业概况

(一)中国陶瓷产业发展现状

中国是世界上最大的陶瓷生产国和消费国,陶瓷产业在中国经济中扮演着重要角色。中国陶瓷产业的现状呈现出以下特点。

中国陶瓷产业规模庞大,产量居全球前列。仅2023年佛山陶瓷行业总产值就达到1020亿元,创下自2010年以来的新高。中国陶瓷产品质量不断提升,技术水平不断创新。随着科技的发展和工艺的升级,中国陶瓷产品在质量和设计方面不断改进,赢得了国内外消费者的青睐。一些中国陶瓷企业在生产过程中采用先进的生产工艺和设备,提高了生产效率和产品质量。

中国陶瓷产业呈现出多元化发展趋势。除了传统的建筑陶瓷和日用陶瓷,越来越多的陶瓷企业开始涉足工艺陶瓷、陶瓷艺术品等高附加值领域。这种多元化发展有利于陶瓷产业的升级和转型,提升了陶瓷产业的整体竞争力。

中国陶瓷产业面临着一些挑战。一方面,市场竞争激烈,陶瓷企业之间存在价格战和技术创新的竞争。另一方面,环保要求日益严格,传统陶瓷生产中的废水排放和废水处理等方面的环保问题亟待解决。同时,国际贸易摩擦和市场变化也给中国陶瓷出口带来一定压力。

总的来说,中国陶瓷产业在不断发展壮大,面临着诸多机遇和挑战。未来,中国陶瓷产业需要进一步加强技术创新、提高产品质量,同时注重环保和可持续发展,以应对激烈的市场竞争,实现产业的可持续发展。

(二)中国陶瓷产业发展趋势

中国陶瓷产业作为全球陶瓷产业的中流砥柱,其未来发展趋势备受关注。

1. 技术创新

技术创新将成为中国陶瓷产业发展的核心驱动力。随着科技的不断进步,陶瓷制造技术将迎来新的突破,从传统的生产工艺向智能化、数字化方向发展。新材料、新工艺的应用将为陶瓷产品的设计与制造带来全新的可能性,提升产品的品质和附加值。

2. 绿色可持续发展

随着全球环保意识的提升,中国陶瓷企业将更加重视环境保护和可持续发展。在生产过程中减少能源消耗、降低排放,推动循环经济发展将成为行业发展的主要方向。绿色生产将成为陶瓷企业的一大竞争优势。

3. 品牌建设与市场拓展

品牌建设与市场拓展将成为中国陶瓷企业发展的重要策略。随着消费的升级和品牌意识的提升,中国陶瓷企业需要加大品牌建设力度,提升产品的知名度和美誉度。同时,开拓国际市场、提升产品的国际竞争力也是中国陶瓷企业发展的关键。

4. 产业升级与转型

陶瓷产业作为传统产业,面临着产能过剩、同质化竞争等问题,需要通过技术升级、产品升级、服务升级等手段实现产业转型升级。发展高附加值产品、拓展新兴市场、提升陶瓷产业的整体竞争力,是中国陶瓷企业未来发展的关键路径。

5. 政策支持与国际合作

政策支持与国际合作将助推中国陶瓷产业的发展。政府在产业政策、科技、贸易政策等方面将为中国陶瓷产业的发展提供有力支持,以促进陶瓷产业健康有序发展。同时,中国陶瓷产业应加强国际合作,借助全球资源共享和市场机遇,推动中国陶瓷企业在国际舞台上的发展更上一层楼。

中国陶瓷产业未来的发展将在技术创新、绿色可持续发展、品牌建设与市场拓展、产业升级与转型、政策支持与国际合作等方面展现新的活力和机遇。中国陶瓷企业将在全球市场中不断提升自身竞争力,实现可持续发展,为陶瓷产业的繁荣发展注入新的活力。

第二节 陶瓷产业竞争格局分析

一、行业竞争者分析

(一)主要陶瓷企业竞争力评估

1. 主要陶瓷企业的市场份额和品牌知名度

在陶瓷产业中,市场份额和品牌知名度往往是衡量陶瓷企业实力的重要指标。以 A 公司为例,该公司在传统陶瓷产品市场上拥有着较大的市场份额,其产品品质在业内享有较高的声誉,因此其在竞争中具备一定的优势。B 公司虽然是新兴企业,但通过不断创新和制定有效的市场营销策略,逐渐提升了自身的品牌知名度,正在逐步扩大市场份额。

2. 主要陶瓷企业的产品创新能力和技术实力

在当今激烈的市场竞争中,产品创新能力和技术实力是决定陶瓷企业能否在市场上立足的重要因素。C 公司在陶瓷工艺方面拥有独特的优势,可以生产出高质量的定制陶瓷产品,因此在高端市场上具有一席之地。D公司则注重产品的设计创新,不断推出新的款式,获得了年轻消费者的青睐,提升了市场竞争力。

3. 主要陶瓷企业的成本控制和供应链管理

成本控制直接影响企业的盈利能力,而供应链管理则关系到产品的质量和交货周期。E公司通过精细化管理,有效控制了生产成本,提高了产品的竞争力,同时通过优化供应链,确保了产品的质量和交货准时。而F公司在供应链管理方面做得不到位,导致生产环节延误、产品质量出现问题,影响了企业的竞争力。

主要陶瓷企业的竞争力评估需要综合考虑市场份额、品牌知名度、产品创新能力、技术实力、成本控制、供应链管理等多个方面。

(二)竞争者战略分析

在陶瓷产业的竞争格局中,竞争者的战略是决定企业竞争力和市场地位的关键因素之一。竞争者的战略包括产品定位、市场定位、价格策略、营销策略等方面,对企业的发展具有重要影响。

1. 产品定位

不同陶瓷企业在产品定位上存在明显差异。一些陶瓷企业选择在高端市场上竞争,注重产品品质和设计创新,以获取更高的溢价空间;而另一些陶瓷企业则专注于中低端市场,追求成本效益,通过规模效应获取竞争优势。产品定位的不同导致陶瓷企业在市场定位和竞争策略的选择上存在差异。

2. 市场定位

陶瓷企业在选择市场定位时,需要考虑市场需求、竞争对手、自身实力等多方面因素。一些陶瓷企业选择在特定细分市场中深耕细作,形成自己的市场细分优势;而另一些陶瓷企业则选择广泛布局,争夺更多市场份额。市场定位的不同会影响陶瓷企业的市场表现和竞争策略的选择。

3. 价格策略

在陶瓷产业中,价格竞争一直是陶瓷企业之间的主要竞争战场之一。一些陶瓷企业通过降低价格来获取市场份额,进而实现规模效应;另一些陶瓷企业则通过产品差异化和品牌溢价来抵御价格战的冲击。价格策略的选择会直接影响陶瓷企业的盈利能力和市场地位。

4. 营销策略

陶瓷企业在营销策略上的差异化表现在广告宣传、渠道建设、客户服务等方面。一些陶瓷企业通过大规模广告宣传和渠道扩张来提升品牌知名度和市场份额;另一些陶瓷企业则注重客户服务,通过口碑传播来获得影响力,通过高品质服务来赢得客户认可。营销策略的差异直接影响了陶瓷企业的市场表现和品牌影响力。

竞争者的战略在陶瓷产业竞争中扮演着至关重要的角色。不同陶瓷企业通过选择不同的产品定位和市场定位,制定不同的价格策略和营销策略,来形成自身竞争优势,从而在激烈的市场竞争中脱颖而出。陶瓷企业需要全面分析竞争对手的战略,灵活调整自身战略,不断提升竞争力,实现可持续发展。

二、陶瓷行业供应链关系

(一) 供应链成本结构分析

供应链成本结构的分析对于陶瓷企业制定有效的竞争策略具有重要意义。在陶瓷产业的供应链中,供应商、生产商、分销商和零售商等各个环节相互关联,共同构成了一个复杂的供应链网络。因此,深入了解陶瓷产业供应链的成本结构,有助于陶瓷企业找到优化成本、提高效率的路径。

陶瓷产业的供应链成本主要包括采购成本、生产成本、库存成本、运输成本、信息成本等。

1. 采购成本

采购成本是指陶瓷企业从供应商处购买原材料所发生的成本,包括采购价格、运输费用、关税等。在陶瓷产业中,原材料的质量直接影响着产品的质量,原材料的价格直接影响着产品的成本,因此陶瓷企业需要在采购环节把控好成本,确保原材料的稳定供应和质量可控。

2. 生产成本

生产成本是指陶瓷企业在生产过程中所发生的各项费用,包括人工成本、设备折旧、能源消耗等。陶瓷生产具有一定的技术含量和劳动密集度,因此人工成本在生产成本中所占比重较大。陶瓷企业可以通过优化生产工艺、提高生产效率来降低单位产品的生产成本,提升竞争力。

3. 库存成本

库存成本是指陶瓷产品在生产和销售过程中所形成的库存所带来的成本,包括仓储费用、资金占用成本等。陶瓷产品具有一定的保质期,因此需要在库存管理上做好规划,避免库存积压和滞销问题,减少库存成本造成的损失。

4. 运输成本

运输成本是指陶瓷产品在供应链的运输过程中所产生的费用,包括物流配送费用、运输保险费用等。陶瓷产品属于易碎品,运输过程中需要加强包装保护,减少运输损耗,同时选择合适的物流方式和合作伙伴,降低运输成本,提高物流效率。

5. 信息成本

信息成本是指在供应链管理中为了获取和传递信息所产生的成本,包括信息系统建设费用、信息传递成本等。在陶瓷产业中,信息的及时性和准确性对于供应链的管理至关重要,陶瓷企业可以通过信息化手段来提高信息的流通效率,降低信息成本,提升供应链的整体效益。

综合来看,陶瓷产业的供应链成本结构是一个相互联系、相互影响的体系,陶瓷企业需要全面考虑各个环节的成本因素,寻求最优的平衡点,从而提高整体供应链的效率和竞争力。在面对激烈的市场竞争时,陶瓷企业应该加强供应链管理,优化成本结构,实现陶瓷产业供应链的可持续发展。

(二)供应链协同

在陶瓷产业中,供应链协同是影响陶瓷企业竞争力的重要因素之一。供应链协同是指陶瓷企业间通过信息共享、资源整合、风险分担等方式,实现供应链内外各环节的协同,从而提高整个供应链的效率和灵活性。在竞争激烈的市场环境下,供应链协同可以帮助陶瓷企业降低成本,提高服务质量,实现共赢。

1. 优化资源配置

供应链协同有利于优化资源配置。在陶瓷产业中,陶瓷企业往往需要依赖众多供应商和合作伙伴来提供原材料、生产设备、销售渠道等方面的资源。通过建立稳定的供应链关系,陶瓷企业可以更好地整合资源,优化生产流程,降低生产成本。同时,供应链协同还可以帮助陶瓷企业更好地应对市场变化,迅速调整生产计划,提高市场反应速度。

2.提升产品质量和服务水平

供应链协同有助于提升产品质量和服务水平。在陶瓷产业中,产品质量和服务水平直接影响消费者的购买决策。陶瓷企业可以通过与供应链伙伴建立合作关系,共同制定质量标准,从而加强质量管控,确保产品质量稳定。同时,供应链协同还可以实现快速物流、及时交付,从而提升客户满意度,树立品牌形象,增强产品的市场竞争力。

3.降低供应链风险

供应链协同可以降低供应链风险。陶瓷产业面临着原材料价格波动、市场需求不确定等风险因素。陶瓷企业可以通过与供应链伙伴建立紧密合作关系,共同应对风险挑战,共担风险,共享资源,降低经营风险。供应链协同还有助于陶瓷企业建立灵活的供应链网络,减少库存积压,提高资金周转效率,降低资金成本。

总的来说,供应链协同既是陶瓷企业间合作的重要方式,也是陶瓷企业间竞争的关键利器。通过供应链协同,陶瓷企业可以优化资源配置、提升产品质量和服务水平、降低供应链风险,从而在激烈的市场竞争中脱颖而出,实现可持续发展。因此,陶瓷企业应重视供应链协同,加强与供应链伙伴的合作,共同应对市场挑战,实现共同发展。

第三节 陶瓷产业竞争策略分析

一、市场定位策略与产品差异化竞争策略

(一)市场定位策略

市场定位策略是企业在竞争激烈的市场环境中制定的重要策略,是企业明确自身定位和目标客户群体的过程。陶瓷产业竞争激烈,正确的市场定位策略能够帮助陶瓷企业准确定位自己在市场中的位置,找准目标客户群体,进而制定相应的竞争策略,提升市场竞争力。

制定市场定位策略需要充分考虑市场需求和竞争对手的定位情况。陶瓷企业通过对市场需求进行深入分析,了解客户的需求和偏好,把握市场的发展趋势,制定出更适应市场的定位策略。同时,对竞争对手的定位情况进行综合比较,有

助于陶瓷企业找出自身的优势和劣势,有针对性地选择市场定位,避免直接与竞争对手展开价格战,从而实现差异化竞争。

制定市场定位策略需要考虑产品特性和企业资源。陶瓷产品通常具有一定的特殊性,陶瓷企业可以通过对产品特性的深入挖掘,确定产品的市场定位,展现产品的独特性和竞争优势。同时,陶瓷企业需要评估自身的资源能力和技术实力,并确定其能否支撑市场定位策略的实施,避免盲目跟风或超出陶瓷企业实际能力范围。

制定市场定位策略需要考虑细分市场和目标客户群体。陶瓷企业可以通过对市场进行合理细分,找到适合自身发展的细分市场,明确目标客户群体,精准定位市场,提高市场覆盖率和市场渗透率。同时,目标客户群体的消费习惯和购买行为可以作为陶瓷企业设计个性化产品和服务的依据。

正确的市场定位策略可以帮助陶瓷企业明确自身定位,找准市场机会,提升竞争力。陶瓷企业在制定市场定位策略时,需要充分考虑市场需求、竞争对手、产品特性、企业资源、细分市场、目标客户群体等因素,制定符合市场实际情况的定位策略,实现差异化竞争,赢得市场份额,实现可持续发展。

(二)产品差异化竞争策略

产品差异化竞争策略是陶瓷企业在激烈的市场竞争中使用的重要手段,通过差异化的产品设计,以及品质提升和品牌营销,突出自家产品与竞品的差异性,赢得消费者的青睐,从而提升市场份额和盈利能力。在陶瓷产业中,产品的差异化竞争策略主要体现在以下几个方面。

1. 产品设计

陶瓷产品的设计直接影响消费者的购买决策,因此陶瓷企业需要不断推陈出新,结合当下流行趋势,引入新颖的设计理念,打造出独具特色、能够吸引消费者的陶瓷产品。同时,产品设计还需考虑到实用性、美观性和人性化,提升产品的附加值,使消费者愿意为其付费。

2. 品质提升

陶瓷产品的质量和安全性备受消费者关注,陶瓷企业应加强对生产工艺的控制,确保产品质量稳定可靠,同时,注重原材料的选择和对生产过程的监控,保证产品符合相关标准和法规要求。通过提升产品质量,陶瓷企业可以树立良好的品牌形象,赢得消费者信赖。

3. 品牌营销

陶瓷市场竞争激烈,陶瓷企业需要通过有效的品牌营销手段,将产品与品牌形象深入人心。陶瓷企业可以通过广告宣传、促销活动等形式,结合线上线下平台,提升品牌知名度和美誉度,同时,建立完善的售后服务体系,提高消费者满意度和忠诚度。品牌营销不仅有助于陶瓷企业形成竞争优势,还可以为陶瓷企业赢得更多市场份额。

4. 创新

陶瓷产业作为传统产业,需要不断进行技术创新和产品创新,从而实现可持续发展。陶瓷企业可以通过引进先进的生产设备、研发新产品、探索新市场等方式,形成产品的差异化竞争优势。只有不断追求创新,陶瓷企业才能实现可持续发展。

在竞争激烈的市场环境中,陶瓷企业应积极采取产品差异化竞争策略,通过创新产品设计、提升产品品质、加强品牌营销等手段,形成自身竞争优势,赢得市场份额,进而实现可持续发展。

二、成本领先策略与低价竞争策略

(一) 成本领先策略

在陶瓷产业竞争中,成本领先策略一直被认为是一种有效的竞争策略,能够帮助陶瓷企业在市场竞争中获得优势。成本领先策略的核心是通过降低生产成本,使企业能够提供价格更具竞争力的产品或服务,从而吸引更多的消费者。在陶瓷产业中,实施成本领先策略可以帮助陶瓷企业降低产品售价,提高市场份额,增强市场竞争力。

实施成本领先策略需要陶瓷企业在生产过程中不断优化管理,提高生产效率,降低生产成本。陶瓷企业可以通过引进先进的生产技术和设备,优化生产流程,提高生产效率。此外,陶瓷企业还可以通过规模经济效应来降低单位产品的生产成本,实现成本领先。

实施成本领先策略还需要陶瓷企业在采购、物流、供应链管理等方面进行优化,降低非生产性成本。陶瓷企业可以通过建立稳定的供应链体系、降低原材料采购成本、优化物流配送、减少库存积压、降低仓储成本等方式来降低总体成本。陶瓷企业可以将降低非生产性成本所节省下来的资金用于提升产品质量或降低产品售价,从而提高市场竞争力。

实施成本领先策略需要陶瓷企业在人力资源管理、技术创新等方面加大投入,以提升核心竞争力。陶瓷企业需要重视人才培养和激励,建立高效的团队,激发员工的创新潜力,提高生产效率。同时,陶瓷企业还应该加大对技术研发的投入,不断推动技术创新,提高产品质量和生产效率,降低生产成本。

总的来说,成本领先策略是一种全方位的竞争策略,需要陶瓷企业对生产、采购、管理、人力资源等各个方面进行优化和提升。实施成本领先策略有助于陶瓷企业在市场中获得竞争优势,通过降低产品售价,提高市场份额,从而实现可持续发展。在陶瓷产业竞争中,陶瓷企业可以借鉴成本领先策略,不断提升自身竞争力以应对市场挑战,实现陶瓷产业的可持续发展。

(二)低价竞争策略

低价竞争策略是陶瓷企业在竞争中所使用的重要手段之一。对低价竞争策略进行评估有助于陶瓷企业了解该策略对陶瓷企业竞争力和市场地位的影响,能为陶瓷企业制定有效的竞争策略提供参考。

1. 低价竞争策略的优势

低价竞争策略的优势在于能够吸引更多的消费者,有助于陶瓷企业扩大市场份额。陶瓷产业市场竞争激烈,通过降低产品价格来提升市场竞争力是陶瓷企业常用的手段之一。低价产品往往能够更快地占领市场,吸引更多消费者的关注,激发消费者的购买欲望,从而增加产品的销售额和市场份额。

低价竞争策略也可以促使陶瓷企业降低成本,提高生产效率。为了在市场上提供低价产品,陶瓷企业需要对生产成本进行深度优化,寻找降低成本的途径,提高生产效率。这种压力可以促使陶瓷企业不断提升自身的竞争力,追求更高效的生产方式和管理模式,实现成本领先。

2. 低价竞争策略的挑战和风险

长期进行低价竞争可能会导致产品质量下降,影响陶瓷企业的品牌形象和声誉。消费者在购买产品时除了考虑价格因素,产品的质量和品牌口碑也是重要的考量因素。如果陶瓷企业为了追求低价而牺牲了产品质量,可能会失去部分忠诚的消费者。

低价竞争可能引发价格战,导致行业整体利润下滑。一旦进入价格战,企业之间将陷入恶性竞争,不断压低产品价格以争夺市场份额,最终可能导致行业整体利润下降,影响产业的可持续发展。因此,陶瓷企业在采取低价竞争策略时,需要谨慎评估市场情况,避免陷入价格战的泥淖。

低价竞争策略对于陶瓷产业的发展具有重要意义,可以帮助陶瓷企业扩大市场份额,提升竞争力。需要注意的是,陶瓷企业在实施低价竞争策略时应注意平衡价格与产品质量之间的关系,避免陷入恶性竞争,注意保持产业的稳定发展。只有在充分评估的基础上,制定出符合市场需求的低价竞争策略,才能实现陶瓷企业的可持续发展。

第四节 陶瓷产业竞争博弈模型构建

一、博弈理论与博弈模型构建方法

(一)博弈理论概述

博弈理论作为一种重要的经济学理论,被广泛应用于产业竞争分析领域。在陶瓷产业竞争的博弈分析中,博弈理论的运用可以帮助我们深入理解不同陶瓷企业之间的竞争关系,揭示其背后的战略考量和决策逻辑。

1.博弈的基本含义

博弈是指在特定的规则下,各参与主体为了实现自身利益而进行的策略性互动过程。在博弈过程中,每个参与主体都会根据对手的行为采取相应的策略,以期获得最大化的收益。博弈理论研究的核心是研究在不同信息和利益约束下,参与主体如何制定最优的决策。

2.博弈的相关概念

(1)合作博弈:强调参与主体之间通过合作达成共赢的结果。

(2)非合作博弈:假设各参与主体之间缺乏合作意愿,只关注个体间的竞争和冲突。在陶瓷产业竞争分析中,通常更多地采用非合作博弈模型,因为现实中陶瓷企业之间存在激烈的竞争,合作相对较少。

(3)博弈的解:在特定的博弈模型下,参与主体通过理性地分析和决策后达成的一种均衡状态。常见的博弈的解包括纳什均衡、完美均衡、次序均衡等,它们描述了在博弈过程中各参与主体的最优策略选择,是博弈理论研究的重要成果。

(4)博弈策略:参与主体在博弈中制定的行动规则,目的是最大限度实现自身利益。博弈策略的选择对于参与主体的胜负结果具有重要影响,不同的策略组合可能导致不同的博弈结果。

博弈理论作为重要的分析工具,在陶瓷产业竞争的研究中具有重要意义。博弈的基本含义和相关概念能为陶瓷企业制定有效的竞争策略提供理论支持,通过深入理解博弈的基本含义和相关概念,我们可以更好地把握产业竞争的本质。

(二)博弈模型构建方法探讨

在陶瓷产业竞争的博弈分析中,构建合适的博弈模型是至关重要的一环。博弈模型的构建涉及多个方面的考量,具体体现为以下几个方面。

1.准确定义博弈的参与主体

陶瓷产业的参与主体包括陶瓷生产企业、原材料供应商、销售渠道商等。这些参与主体之间存在着复杂的利益关系和竞争关系,需要通过博弈模型来加以分析。在确定了参与主体的基础上,还需要考虑各参与主体的利益诉求和行为特征,以便更准确地建立博弈模型。

2.对各参与主体的策略选择进行设定

在陶瓷产业竞争中,陶瓷企业可以通过实施定价策略、产品创新策略、市场营销策略等多种方式来提升自身竞争力。在建立博弈模型时,需要考虑到不同的策略选择对各参与主体利益的影响,分析各参与主体的最优策略选择。

3.考虑信息的不对称性对博弈过程的影响

在陶瓷产业中,陶瓷企业之间往往存在信息不对称的情况,导致决策的不确定性增加。因此,在建立博弈模型时,需要考虑到信息的不对称性,通过设定适当的信息披露机制或者博弈策略来降低信息不对称性带来的负面影响。

4.考虑博弈的动态演化

陶瓷产业竞争是一个动态演化的过程,各参与主体会根据市场环境的变化不断调整策略选择。因此,建立动态博弈模型,并考虑到策略的演化路径和博弈的持续性,对于准确分析陶瓷产业竞争具有重要意义。

构建博弈模型是陶瓷产业竞争分析的关键环节，需要综合考虑参与主体及其策略选择、信息的不对称性以及博弈的动态演化等方面的因素。博弈模型可以为陶瓷企业提供决策支持，指导陶瓷企业制定有效的竞争策略，有助于陶瓷企业实现可持续发展。

二、陶瓷产业博弈模型应用

（一）博弈模型的构建与假设

在构建博弈模型时，我们首先需要明确一些关键的假设，以确保博弈模型的准确性和可靠性。

我们假设陶瓷产业中的主要参与主体包括原材料供应商、陶瓷生产企业、经销商和消费者等。这些主体在市场上展开博弈，通过制定不同的策略来追求自身利益的最大化。

我们假设市场环境是一个完全竞争的市场，即所有陶瓷企业在市场上是价格的接受者，无法通过单方面的定价来影响市场价格。这一假设在一定程度上简化了模型的复杂性，使我们能够更好地理解参与主体之间的博弈关系。

我们假设参与主体之间的博弈是一个动态的博弈过程，即参与主体在制定策略时考虑到了竞争对手可能的反应，并会根据竞争对手的反应调整自身的策略。这一假设考虑了市场信息的不对称性，使博弈模型更加符合实际情况。

在构建博弈模型的过程中，我们将主要关注以下几个方面：首先是各参与主体的利润函数，即不同策略下各参与主体的利润水平；其次是参与主体之间的博弈关系，包括合作和竞争关系的建立；最后是博弈模型的均衡分析，即在给定的策略下，各参与主体达到的最优结果。

陶瓷产业竞争博弈模型的应用将有助于陶瓷企业深入理解产业内部的竞争机制，能为陶瓷企业的发展提供重要参考。在未来的研究中，相关研究者可以进一步完善博弈模型，综合考虑多种因素的影响，使博弈模型更加符合实际情况，为陶瓷产业的可持续发展贡献更多力量。

（二）博弈模型的实证分析

1. 确定实证分析的研究对象和方法

我们在选择研究对象时，应考虑陶瓷产业中具有代表性的企业，并确保数据的可靠性和充分性,同时,需要运用与博弈论相关的数学工具和模型,对陶瓷企业的竞争行为进行建模和分析。

2. 收集、整理、分析数据

在实证分析的过程中,我们需要收集大量的数据,并对这些数据进行整理和分析,通过对陶瓷企业的市场地位、竞争策略、市场份额等关键指标进行量化分析,揭示出陶瓷企业之间的竞争关系和竞争格局,从而为博弈模型的实证验证提供数据支持。

3. 利用博弈模型进行实证分析

通过对博弈模型中不同参与主体的策略选择和行为预期进行模拟和计算,我们可以评估出不同竞争策略对陶瓷企业绩效的影响,并找出最优的竞争策略组合,这有助于陶瓷企业在实际竞争中更好地应对不确定性和风险,实现长期利益最大化。

4. 对博弈模型进行敏感性分析

在实证分析的过程中,我们还可以对博弈模型进行敏感性分析,考虑不同参数和假设的变化对结果的影响,以进一步验证博弈模型的稳健性和可靠性。这种分析方法可以更加全面地评估模型的适用性和实用性,为陶瓷企业的决策提供科学依据。

实证分析的结果将为陶瓷产业的可持续发展提供重要参考,具有重要的理论和实践意义。

第五节 陶瓷产业竞争策略选择、优化与管理

一、竞争策略的选择

(一)应对市场竞争的策略选择

1. 注重产品创新和技术升级

消费者的需求日益多样化和个性化,消费者对于陶瓷产品的设计和功能的要求也在不断提高,因此,陶瓷企业需要不断进行研发创新,推出符合市场需求的新

产品,提升产品的附加值,增强市场竞争力,同时,通过技术升级和生产工艺的改进,降低生产成本,提高生产效率,获得规模经济效益。

2. 注重品牌建设,制定差异化营销策略

品牌是企业的核心竞争力之一,一个强大的品牌可以为企业赢得消费者的信任和认可,有助于提升产品竞争力。因此,陶瓷企业应注重品牌建设,树立良好的企业形象,打造独特的品牌文化,提升品牌价值,同时,制定差异化的营销策略,精准定位目标市场,拓展销售渠道,提升市场份额。

3. 注重供应链管理和成本控制

供应链是陶瓷企业生产经营的重要环节,陶瓷企业通过优化供应链结构、提高供应链效率,来降低采购成本和生产成本,从而提升自身盈利能力。同时,陶瓷企业通过精细化管理和成本控制,来降低管理成本和运营成本,从而获得竞争优势。

4. 注重人才队伍建设和企业文化塑造

人才是陶瓷企业发展的重要资源,建立高效的人才队伍,培养专业化团队,可以提升陶瓷企业的创新能力和竞争力。同时,陶瓷企业可以通过培养积极向上的企业文化,营造和谐、稳定的工作氛围,来激发员工的工作热情和创造力,从而为企业自身的发展提供持续动力。

应对市场竞争的策略选择涉及多个方面,包括产品创新、技术升级、品牌建设、供应链管理、成本控制、人才队伍建设、企业文化塑造等。陶瓷企业应全面考虑市场环境的变化,优化内部资源,制定符合自身实际的竞争对策,通过不断提升自身竞争力,实现可持续发展。

(二) 应对供应链竞争的策略选择

1. 建立稳定的供应链合作关系

供应链的高效运作离不开稳定可靠的合作伙伴,陶瓷企业应该与供应商、物流公司等建立长期合作关系,共同发展,共同应对市场变化。通过建立稳定的供应链合作关系,陶瓷企业可以降低交易成本,提高供应链的灵活性和响应速度,从而在竞争中占据优势地位。

2. 加强供应链信息化建设

信息技术在供应链管理中发挥着重要作用,可以提高信息共享和沟通效率,有助于优化供应链各环节的协调管理。陶瓷企业可以借助信息技术实现对供应链的实时监控和数据分析,做到及时发现问题并采取相应措施,从而提升供应链的整体效率和运作水平。

3. 重视供应链风险管理

供应链上存在着各种潜在的风险,如市场需求波动、自然灾害、政策变化等,陶瓷企业应建立完善的风险管理机制,及时识别和评估风险,并制定相应的风险对策。通过建立健全风险管理体系,陶瓷企业可以有效降低供应链经营风险,保障供应链的稳定运行。

4. 注重供应链成本控制

供应链管理中的成本是陶瓷企业竞争力的重要组成部分,陶瓷企业应该通过优化供应链结构、提高资源利用效率等措施,来降低供应链管理成本,进而提升陶瓷企业整体竞争力。同时,陶瓷企业还可以通过与供应商协商、合理谈判等方式降低采购成本,从而实现对供应链成本的有效控制。

5. 不断优化供应链流程

供应链管理是一个复杂的系统工程,陶瓷企业需要不断优化供应链上各个环节的流程,提高供应链的运作效率和灵活性。通过流程优化,陶瓷企业可以减少非必要的环节和浪费,提高供应链的整体效益,从而实现供应链的高效运作。

应对供应链竞争,陶瓷企业需要建立稳定的合作关系、加强信息化建设、重视风险管理、控制成本、优化流程等。只有通过不断优化供应链管理,陶瓷企业才能在激烈的市场竞争中立于不败之地,实现可持续发展。

二、竞争策略的优化与管理

(一)竞争策略的优化

竞争策略的实施是企业在市场竞争中取得成功的关键,而竞争策略的优化则是企业持续发展的重要保障。以下将重点探讨竞争策略的优化路径,为陶瓷企业提供可行的建议与指导。

1. 充分考虑市场环境的变化和竞争对手的行为

针对不同的市场变化情况和竞争对手的行为,陶瓷企业可以选择不同的竞争策略,如成本领先策略、差异化竞争策略或集中化竞争策略等。同时,陶瓷企业需要结合自身的资源禀赋和核心竞争力,确保竞争策略的可行性和有效性。

2. 全面考虑各种资源的配置与利用

陶瓷企业在实施竞争策略时,需要合理配置人力、物力和财力资源,确保各种资源的有效利用,提升生产效率和产品质量。同时,陶瓷企业还需要不断优化内部管理机制,加强组织协调与沟通,提高决策效率和执行力,确保竞争策略的顺利实施。

3. 注重技术创新与产品研发

随着科技的不断进步和市场需求的变化,陶瓷企业需要不断引进先进的生产技术和设备,加强研发投入,提高产品的技术含量和附加值,增强市场竞争力。同时,陶瓷企业还应积极与高校和科研机构展开合作,加强技术交流与创新,提升自身的技术实力和创新能力。

4. 加强品牌建设与营销推广

陶瓷企业应加强品牌建设与营销推广,树立良好的企业形象,提升品牌价值。陶瓷企业可以通过不断提升产品品质和服务水平,来满足消费者的需求和期望,从而树立优质的品牌形象,提升市场竞争力。同时,陶瓷企业还可以通过多样化的营销手段和渠道,扩大品牌影响力和市场份额,实现销售额和利润的增长。

总的来说,陶瓷产业竞争对策的优化是一个系统工程,需要陶瓷企业在市场竞争中不断学习和实践,及时调整和优化竞争策略,不断提升核心竞争力。通过合理选择竞争策略,科学实施和持续优化,陶瓷企业可以在激烈的市场竞争中立于不败之地,实现长期稳定的发展和持续盈利。

(二)竞争策略的管理

在陶瓷产业竞争中,有效的竞争策略管理可以帮助陶瓷企业应对市场的挑战,提升竞争力,实现可持续发展。

1. 深入分析市场环境和企业内部资源

竞争策略的管理需要建立在对市场环境和企业内部资源进行深入分析的基础之上。陶瓷企业需要充分了解市场需求的变化、竞争对手的动态以及自身的核心竞争力,从而确定适合自身发展的战略方向。

2. 注重组织内部的执行力和协同效应

陶瓷企业通常包含生产、研发、销售等多个部门,要想实现企业战略目标就需要各部门之间密切合作,形成有机整体。陶瓷企业可以通过建立有效的绩效考核机制和激励制度,激发员工的积极性,推动企业战略的执行。

3. 灵活应对市场的变化和竞争对手的行动

陶瓷产业市场环境处于动态变化中,陶瓷企业需要及时调整竞争策略,以适应新的市场需求和竞争格局。同时,密切关注竞争对手的行动,及时做出反应,可以帮助陶瓷企业抢占先机,保持竞争优势。

4. 持续监控和评估

陶瓷企业应建立完善的监控机制,及时收集市场信息和内部数据,对竞争策略执行效果进行评估和反馈。陶瓷企业应该对经验教训进行总结,并将其作为未来决策的参考,通过不断优化和调整竞争策略,推动企业战略目标的有效达成。

在陶瓷产业竞争中,陶瓷企业只有不断适应变化的市场环境,灵活调整竞争策略,才能保持竞争力,实现可持续发展。因此,陶瓷企业需要重视竞争策略的管理,通过建立科学有效的管理体系,来不断提升自身管理水平,从而赢得市场竞争优势。

第六章 竞争情报研究

第一节 竞争情报相关概念定义

一、竞争力的定义

"竞争力"这个概念最初主要出现在企业战略理论的探讨中,但随着时间的流逝,它已经逐步扩展到了诸如国家竞争力、产业竞争力、区域竞争力等多个领域。因为研究的背景和视野各异,学者们对竞争力的认识也有所不同。

张金昌(2002)将竞争力定义为一种相对优势,这是一种深入浅出的理解。也有一些研究者则将竞争力视作一种全面的实力。

比较优势理论最初由大卫·李嘉图提出,主要强调国家之间因资源、技术或生产效率的差异而产生的相对优势。从这个角度看,竞争力确实可以被视为一种相对的优势,然而,竞争力又不仅仅是比较优势。刘恒江(2004)提出的竞争优势构成因素为理解"竞争力"这一概念提供了有价值的框架。对于陶瓷企业集群来说,其竞争力主要体现在比较优势上,这种优势是通过竞争过程表现出来的,反映了陶瓷企业集群在市场中创造和获取财富的能力。陶瓷企业集群的竞争力是其在与竞争对手的比较中表现出的更强的综合能力,这种能力并非是静态的,而是随着市场环境和消费者需求的变化以及技术的进步而不断演变的。陶瓷产品竞争力作为陶瓷企业集群竞争力的重要组成部分,主要体现在市场地位和销售情况两个方面。市场地位反映了陶瓷产品在市场中的认可度和影响力,而销售情况则直接体现陶瓷产品的市场表现和盈利能力。对于陶瓷产品竞争力的衡量是一个多维度、系统化的衡量过程,在与竞争对手进行比较时,应综合考虑陶瓷产品的价格、功能、质量、风格等核心要素。价格反映了陶瓷产品的成本效益和市场定位，功能是陶瓷产品满足消费者需求的基础，质量是陶瓷产品维持竞争优势的保障，而风格则体现了陶瓷产品的文化内涵和设计创新。除此之外，陶瓷产品的市场占有率、销售收入、种类以及专利产品的比例等也是衡量陶瓷产品竞争力的重要指标。这些指标不仅反映了陶瓷企业集群在当前市场上的表现，也预示着其未来的发展趋势和潜力。

二、竞争情报的定义

陶瓷产业作为一个融合了传统工艺与高新技术的产业，其市场竞争激烈且复杂。在这种背景下，有效地收集和管理竞争情报对于陶瓷企业的生存与发展至关重要。陶瓷企业需要密切关注行业内外的技术动态和市场趋势。通过收集和分析竞争对手的产品创新、技术革新、市场策略等方面的信息，陶瓷企业可以洞察市场动态，把握市场机遇，及时调整自身的战略方向。同时，陶瓷企业还可以充分参考行业内的新兴技术和发展趋势，为自身的技术创新和产品研发提供有力支持。

竞争情报有助于陶瓷企业优化资源配置和提高生产效率。通过了解竞争对手的供应链、生产流程、成本控制等方面的信息，陶瓷企业可以找出自身的优势和不足，进而优化自身的资源配置和生产流程，降低成本，提高生产效率。

竞争情报还可以帮助陶瓷企业制定有效的市场营销策略，通过对竞争对手的营销策略、渠道选择、品牌形象等方面的分析，陶瓷企业可以了解市场的竞争格局和消费者需求，从而制定出更具针对性和有效性的市场营销策略。

竞争情报的收集与管理并非易事，陶瓷企业需要建立专业的竞争情报收集团队，运用多种渠道和手段获取竞争情报。同时，陶瓷企业还需要建立完善的竞争情报管理制度，确保竞争情报的准确性和时效性。此外，陶瓷企业还应注重竞争情报的保密工作，防止关键信息被泄露给竞争对手。

"竞争情报"（Competitive Intelligence, CI）一词，是于1980年创造的，获取竞争情报的过程允许实时整合信息和数据（Souza, 2016）。获取竞争情报的主要目的是获取、解释、评估和传播信息，这些信息是在组织的外部环境中收集的。外部信息的分析是流程的基础，对外部信息进行分析有助于对产品和服务进行创新，此外，它还可以影响产品的创新速度和产品的最终质量。在20世纪90年代，一些海外专家主张"竞争情报不应仅限于公司层面，还应该重视产业层面、地区层面和国家层面等大型层面的关键观点"。竞争情报的研究逐渐从理论研究转向应用研究。

在当今的商业环境中,竞争情报的价值日益凸显,特别是在经济全球化的大背景下,企业之间的竞争愈发激烈,因此,对竞争情报的有效管理已经成为企业获得成功的重要因素之一。由于竞争情报具有极强的时效性,竞争情报的处理和加工必须迅速完成,一旦错过时机,竞争情报的价值就会大打折扣,甚至可能完全失去价值。因此,陶瓷企业需要建立高效的竞争情报处理机制,确保竞争情报的及时性和准确性。

三、产业竞争情报的理论研究

上海科技情报所在20世纪80年代中期率先涉足竞争情报领域,并快速取得了显著进展。随着时代的推进,竞争情报研究的重要性日益凸显。1994年1月,中国科学技术情报学会经中国科学技术协会批准,成立了情报研究暨竞争情报专业委员会,宣告中国竞争情报专业组织的诞生。1995年4月,经中国科学技术协会批准、民政部登记,全国性竞争情报从业者的学术性群众团体——中国科学技术情报学会竞争情报分会,亦称"中国竞争情报研究会"(Society of Competitive Intelligence of China,SCIC)成立了。这一分会的成立标志着中国竞争情报研究进入了一个更为系统和规范的发展阶段。该分会汇聚了来自信息、经济、商业、教育等领域的100多位会员,他们共同为推进中国竞争情报研究工作的开展贡献力量。如今,中国的竞争情报研究已经取得了长足的进步,并在国际舞台上发挥着越来越重要的作用。

中国竞争情报的发展历史可以追溯到20世纪90年代。当时,随着市场经济的逐步开放和全球化的加速推进,对市场信息进行获取和分析对于企业而言变得尤为重要。缪其浩的《市场竞争和竞争情报》(军事医学科学出版社,1996年)一书,就是在此种环境下诞生的,它为中国竞争情报学的发展打造了稳固的根基。中国科学技术情报学会竞争情报分会连续举办了数次重要的学术讨论会,吸引了大批国内外的专业人士和学者加入。这些研讨会不仅为学者们提供了交流和学习的平台,也推动了竞争情报研究的深入发展。在这些研讨会中,参会者分享了各自的研究成果和实践经验,探讨了竞争情报在企业制定战略、进行市场决策等方面的应用。

与此同时,一些专注于竞争情报理论探讨和咨询的机构也相继建立起来。其中，中国网络情报中心（原365Agent）是一个颇具代表性的例子，该中心由张向宁先生创立。张向宁先生凭借对互联网技术的深刻理解和敏锐洞察，开发出了基于互联网的竞争情报门户系统和监控系统。这些系统能够实时收集和分析互联网上的各种信息，为企业提供全面的竞争情报服务。

"创新环境下的竞争情报"是中国科技情报学会竞争情报分会第十二届年会的主题，突出了竞争情报在推动自主创新策略实施过程中的重要角色。通过建立完善的竞争情报体系，企业和政府可以更好地了解国内外科技发展动态和市场趋势，为自主创新提供有力支持。此外，许多著名的市场信息咨询公司也在竞争情报领域发挥着重要作用。例如，百度利用其强大的搜索技术和数据分析能力，为企业提供精准的市场信息和竞争情报；易地平方则专注于行业研究和竞争分析，为企业提供深度的市场洞察和战略建议。这些公司的创新实践不仅为企业和政府提供了全面且专业的服务，还推动了竞争情报领域的发展。

2007年11月，在中国科技情报学会竞争情报分会第十三届年会上，竞争情报领域的发展被赋予了新的内涵，其焦点已转向实践与效益的深度融合。这标志着竞争情报不再仅仅停留在理论层面，而是更多地参与到国家层面、区域层面、产业层面等各个层面的创新实践中。与此同时，竞争情报的理论研究也日渐深入，并强调理论与实践的紧密结合。这种转变并非偶然，而是全球经济一体化趋势下的必然产物。随着经济全球化的推进，贸易自由化步伐加快，生产资源在全球范围内自由流通，地区经济加速整合，竞争与协作水平持续提高。在这一背景下，各个国家和地区都受到政策、财务、地理、文化等多方面因素的影响，逐渐形成了各具特色的行业领域，相似或相同的产业在各个国家或地区间逐渐涌现，形成了激烈的产业竞争态势。这种竞争不仅存在于国内，还扩展到了全球范围，在汽车、电子、医药、化工、石油等全球性产业中表现尤为突出。我国众多产业在全球竞争中屡遭挫折，如音像行业、电视行业、汽车行业、船舶行业、建筑材料行业、纺织行业、服装制造行业、钢铁行业等。由于缺乏竞争情报的应用，行业发展受挫，如何提高产业竞争力成为亟待解决的关键问题。"产业竞争情报"这一概念应运而生，它作为一种引领实践操作的理论，旨在帮助我国产业避免潜在风险，实现可持续发展。

产业竞争情报（Industrial Competitive Intelligence，ICI）活动是一种信息活动，旨在提升特定产业的整体竞争优势。它关注的是如何通过收集、分析和利用有关产业环境、竞争对手、市场趋势等方面的信息，帮助企业制定有效的竞争策略。

近年来，随着大数据和人工智能技术的发展，产业竞争情报的研究方法和应用领域也在不断拓展和深化。企业层面、产业层面和国家层面这三个层面的竞争情报确实存在显著的差异,但同时又相互关联、相互影响。企业竞争情报、产业竞争情报和国家竞争情报这三者之间的差异主要体现在关注点、影响范围和服务对象上。企业竞争情报主要关注企业自身的市场需求、竞争对手、技术趋势等,其影响范围局限于企业内部,服务于企业的战略决策和竞争优势构建。产业竞争情报则侧重于整个产业的竞争态势、技术发展方向、政策环境等,其影响范围涵盖产业链上的各个企业,服务于产业的健康发展。国家竞争情报主要基于国家的利益,聚焦于国家在政策、财务、科学、文化等多个方面的优势,会对全体国民的成长产生深远的影响。然而,尽管存在这些差异,企业竞争情报、产业竞争情报和国家竞争情报这三者之间也有许多共同点。它们都需要运用相同的竞争情报收集和分析方法,如数据挖掘、竞争对手分析、SWOT分析等。此外,企业层面、产业层面、国家层面三个层面的竞争情报工作都是先从局部出发,再逐渐扩展到整体:企业首先关注自身部门的竞争情报需求,然后整合形成企业的整体竞争情报;产业则通过整合产业链上各个企业的竞争情报,形成产业的竞争情报体系;国家则是整合各地区、各行业的竞争情报,并以此为基础,构建国家层面的竞争情报体系。竞争情报工作的最终目的是服务于研究对象的整体长远发展:企业通过竞争情报提升竞争力,实现可持续发展;产业通过竞争情报优化资源配置,推动产业升级;国家则通过竞争情报制定科学的战略决策,保障国家的安全和利益。我们可以通过设立国家竞争情报机构、调配国家竞争情报资源、培育竞争情报专业人才,加速推进国家竞争情报体系的建设。国家竞争情报体系应该包括商务部、科技部、教育部、文化和旅游部等政府部门;各类企业,主要涵盖大规模的公共企业以及一些私营的中小型企业;行业联盟;专门从事竞争情报工作的人员;相关研究单位,等等。

陈峰(2014)运用了创新链的观念,设计出一种依托于工业创新链的市场信息服务方案,并通过基因工程疫苗领域的案例,验证了这一方案的实施可行性与成功率。李立梅(2016)采用六何分析法对被广泛认可且有效的产业竞争情报服务模式进行了深入的梳理和对比分析,并预测了其未来的发展趋势。曹明帅等人(2022)运用内容分析法对国内现有的产业竞争情报研究文献进行了重新探究,从时间趋势、研究方法两方面分析这些研究文献的特点,并基于ITGInsight对作者合著网络进行了可视化分析。

第二节　国内外竞争情报的发展概况

一、国内竞争情报的发展概况

虽然我国是全球最大的发展中国家,但我国的市场经济系统仍然在持续优化和改进之中,而且,在强劲的商业竞争环境中,无论从整体的财政实力、科研创新水平,还是从企业领导者的竞争观念来看,我国仍然存在许多需要改进的地方。我国应积极开展各种竞争情报活动,以提升我国企业的竞争力并改变我国企业在全球市场竞争中的劣势地位。

竞争情报分析与咨询服务活动在支持企业决策、优化资源配置、提高市场竞争力等方面具有不可替代的作用。竞争情报分析与咨询服务活动主要涉及以下方面:理解竞争环境,深入剖析国内外市场的竞争格局、政策法规、行业趋势等关键因素,为企业决策提供全面、准确的市场信息;理解并解读竞争者,通过详细探讨竞争者的商品、科技、营销战略等,明确他们的竞争优势与劣势,从而为企业制定高效的竞争战略提供参考;评估竞争实力,综合评估企业自身的技术、产品等方面的实力,明确企业在市场竞争中的地位和优势,为制定合适的竞争策略奠定基础;参与制定和执行竞争策略,结合市场分析和竞争情报,协助企业制定具有针对性的竞争策略,并监控竞争策略的执行效果,确保企业在市场竞争中保持领先地位。

竞争情报分析系统的功能主要体现在以下六个方面:①监控竞争环境,通过收集和分析市场数据,实时关注市场动态和竞争态势,确保企业及时掌握市场变化。②预测市场动向,利用数据分析和预测模型,预测市场发展趋势和潜在机会,为企业决策提供前瞻性指导。③追踪发展趋势,关注行业新技术、新产品和新模式,分析其对市场竞争格局的影响,为企业创新提供灵感和方向。④分析竞争对手,深入研究竞争对手的战略、战术和业绩,揭示其成功经验和不足之处,为企业制定竞争策略提供参考。⑤制定策略,根据市场分析和竞争情报,为企业制定符合自身实际和市场需求的竞争策略,提升企业的市场竞争力。⑥保障信息安全,在收集、处理和使用竞争情报的过程中,严格遵守信息安全规定,确保企业信息的保密性和完整性。

经过不断完善和优化后的竞争情报分析系统可以更好地支持企业决策、优化企业的资源配置、提高企业的市场竞争力,从而使企业在全球市场中取得更大的成功。在国外,竞争情报是基于商业情报发展起来的,在我国,它是建立在科技情报之上的。因此,我国的相关从业人员往往更加关注技术,对商业和市场竞争情报的关注度较低,这导致我国竞争情报的整体实力相对较弱。从另一个角度来看,大多数在国外从事竞争情报工作的员工都具有MBA学位,并且拥有丰富的企业管理经验。

IT(信息科技)的飞速发展以及广泛的推广使得我们可以通过各种方式获得信息,这些获取信息的方法的数量和难度逐渐增加,而获取信息的费用在持续下降,使得我们在过去的每个时期都可以以更加简单、快速且便捷的方式获得我们想要的各类信息。同时,金融经济已经逐渐替代了传统的工业经济,成为全球经济增长的重要驱动力,其规模巨大,技术实力强劲。因此,政府的积极介入不仅有助于推动企业竞争情报的有效实施,还有助于提升社会的整体效益。我们需要增强竞争情报的知名度,并且给予企业竞争情报培训支持,这样可以显著提升企业的竞争情报技巧。此外,政府拥有大部分的社会信息资产,但仅有很小一部分被公之于众,因此,政府需要坚守信息公开的原则,并且将非公开的情况视作特殊情况,从而在竞争情报的收集上为企业提供帮助,这样不仅可以较大限度解决企业在获取相关经济数据时所遇到的困扰,还能够减轻信息不平等给企业带来的损害。在产业经济的背景下,信息已经从创造财富的中间环节转变为能够直接创造财富的工具,这使"信息"与"财富"首次被视为同一概念。单一的企业竞争情报模式属于产业竞争情报模式的初级阶段,主要是指企业依据自身的发展需求,独立且分散地进行产业层面的情报保障工作。由于技术和人才等因素的限制,竞争情报服务质量(Quality of Service,QoS)和效率都较低,难以适应社会化竞争的新环境。在政府的指导下,官方与产业、学界的合作服务模式属于产业竞争情报服务的初级阶段,主要依赖于政府、产业与大学三方的资源交流和共享来实现产业竞争情报服务的联合供应,但是,这种合作服务模式缺乏持久且有效的沟通方式和统一的协作平台。

产业竞争情报系统是一种针对特定行业或市场环境,收集、分析和提供有关竞争对手、市场趋势和机会的信息的系统。这种系统可以帮助企业制定更有效的策略,提高其在竞争中的地位。王娟娟等人(2013)对竞争情报的制造元素进行了深入的探讨,同时运用经济学的生产原则创立了一个关于行业竞争情报需求的模型。这个模型表明,随着行业竞争信息成本的降低,行业竞争信息的需求将会上升,同时也将带动组织的利润水平提升。所以,我们应该为各个机构提供满足其在内容和数量等方面需求的产业竞争情报。

在对产业竞争情报相关研究进行整理之后,王晓慧等人(2018)进一步将其研究范围扩大至产业竞争信息系统的研究,他们创建了一个能够连接产业竞争信息和企业竞赛行为的产业竞争信息系统,并且对产业竞争信息的收集、解读和处理、预测、服务等方面进行了详细的探索,以便为产业竞争信息系统的各个子系统提供框架设计。

陈煜等人(2021)对于情报学科的发展趋势进行了分析,并指出尽管受到了疫情的冲击,但是关于情报学领域以及相关理论的讨论却没有减少,甚至还有所增加。这表明中国的情报学领域正在尝试结合范内瓦·布什的《诚如所思》(*As We May Think*)中所提及的情报学理论框架寻找中国特色情报学的学术结构和观点结构。商业组织会基于对环境的理解做出战略决策,以应对竞争对手,这也决定了其有效性和长期生存能力。适当地识别和评估组织的竞争对手——他们的人员、产品和经营方式——将有助于组织定位自己,以便能够与竞争对手进行有利的竞争。

在这种背景下,竞争情报被视为一门战略学科,可以帮助组织适应环境变化和应对行业中断,能够使组织更好地了解其商业和行业环境,学习竞争对手的企业和商业战略。结合竞争情报,企业管理者等利益相关者可以了解企业内外部环境的发展历程。此外,不发达经济体的工业企业通常不使用竞争情报,特别是尼日利亚的工业企业。产品的质量、成本和交付等都可能是影响产品竞争优势的因素。Stefankov、Rypakova 和 Moravikova(2015),以及 Mirkhan(2017)等学者已经证明,竞争情报与企业绩效指标之间存在着有利的关联。

在全球科技和产业变革的大背景下,创新成为驱动经济进步的核心力量,这使得产业技术创新在企业的经济增长和整个产业发展中占据了举足轻重的地位。没有任何一家企业能够全面掌控产业链和技术链的所有资源,高效的竞争情报在避免重复研究、推动知识交流等方面发挥了至关重要的作用,因此,及时掌握行业技术的竞争状况,对于企业的技术进步和降低创新风险具有积极的作用。在我国经济增长模式迅速转型的背景下,竞争情报服务必须跟上时代步伐,深度掌握企业和行业的最新动态,准确理解创新者复杂且多样的需求,这样才能向创新者提供全方位且精确的信息。

尽管国际上对于产业竞争情报的定义并未给出具体解释，2003年，中国学者如郑彦宁、陈峰等首次提出了"产业竞争情报"这一概念，强调其为产业竞争系统提供动态和应急信息的重要性。随着大数据与各行各业的深度融合，对大数据环境下智能化、智慧化竞争情报服务的研究也在逐渐增多。智能化的竞争情报服务被看作模拟主动性和自我调整性的竞争情报处理方式，它重视对多源数据的利用，并通过智能处理满足用户对智能和智慧的需求。刘如等人（2018）主张大数据等前沿科技可以促使情报业务实现从传统的服务模式向智能化的模式的转变，而这个过程的核心是构筑一个高效的工作环境、改善情报分析的手段以及加强智慧库的构建。郑荣等人（2007）主张在产业竞争中，智能化的竞争情报服务应该重视并利用各种来源的数据，通过对这些数据进行智能处理来满足消费者对智能和智慧的需求。

中国的学者们在众多领域展开了深度的探讨与研究，尤其在企业竞争信息、科技竞争信息以及产业竞争信息等领域取得了突出的成就。此外，学者们认为科技竞赛信息既构成了国家在制定科技战略时的主要参考，也构成了推动国家进行技术革新的核心元素。

盖红波（2006）强调，通过有效地收集、分析和利用科技竞争情报，国家可以洞察科技发展的动态和趋势，为制定科技创新政策、优化科技资源配置提供有力支持。协同理论强调系统内部各部分之间的协调与合作，而利益相关者理论则关注不同利益主体之间的相互影响。基于这两个理论，盖红波构建了一个策略联盟框架，旨在通过联盟成员之间的信息共享、资源整合和协同工作，提升整个产业的竞争情报水平。此类服务方法能够消除企业之间的信息隔阂，达到资源的共享，进一步促进全行业的创新进步。

赵筱媛（2016）则从输入输出服务机制和控制要素的角度，设计了一个以产业竞争情报服务为核心的服务体系。她详细分析了服务体系的输入输出流程，包括信息的获取、处理、分析、输出等环节，并强调了控制要素在服务体系中的重要性。通过优化输入输出机制、加强对控制要素的管理，她构建了一个高效、精准的产业竞争情报服务体系，为企业提供了有力的决策支持，并借助云端的服务平台来收集、保管以及解读这些情报信息。

赵康（2016）则是从产业链的内部以及外部的聚焦点的角度，对企业的供应与需求以及技术数据进行了详细的研究，提出了一个以产业链为主导的竞争情报分析模型。

还有学者倡导建立集成各类资源,实现各类机构的协同工作,促成各类信息的共享等。例如,盖红波(2006)探讨了竞争情报在国家创新体系中的角色,并基于这些信息,对企业的供应与需求以及技术信息进行了详细的观察。龚花萍等人(2007)提出的竞争情报分析框架是在产业链主导的背景下,通过整合各种资源和机构,实现信息的共享,为地方的科技创新提供联动的竞争情报服务,从而增强创新实体的技术创新实力。

二、国外竞争情报的发展概况

国外学者主要从科技创新的角度,对竞争情报服务企业进行了深度探讨。April和Bessa(2005)强调,技术竞争信息的应用不应该局限于单纯的开发工作,而应该扩展至所有涉及科技创新的环节以及整个价值链,成为融合企业内外创新元素的纽带。Lipovertskys等人(2005)针对科技创新的六个步骤进行了深入研究,他们设置了一个包括假设、数据收集、策略选择和目标达成在内的流程。Norling等人(2006)运用了技术信息分析的手段与策略,对企业的战略选择以及与企业架构有关的研究进行了深入的探讨。

国外的学者和研究机构在竞争情报领域确实进行了一些具体的研究和实践,特别对于竞争情报在企业管理和特定产业的应用上。例如,德国的弗劳恩霍夫模式展示了利用市场竞争推动科技成果转化并获取经济收益的方法。虽然已经有了这些理论研究和相关实践,但是国外学者在产业竞争情报方面的系统性的研究不多。虽然有些研究者试图将产业创新流程、出口表现、增强现实技术等与竞争情报研究相结合,但是学术界对产业竞争情报的定义仍然不清晰,也没有对其理论、方法、体系以及应用环境等进行深度和系统的探讨。这种情况意味着产业竞争情报领域的研究存在较大的发展空间。

随着全球化的推进和信息技术的快速发展,产业竞争情报的重要性日益凸显。因此,对产业竞争情报进行系统化、深入的研究,不仅有助于完善竞争情报理论体系,还可以为产业发展提供有力的决策支持和战略指导。竞争信息是关于竞争背景、竞争者以及竞争战术的探讨。

产业竞争情报理论研究是这一领域的基石,主要探讨产业竞争情报的基本概念、原理、体系框架等,为后续相关服务研究、分析框架及方法研究、应用研究提供了理论基础和指导。深入的理论研究,不仅有助于企业更好地理解产业竞争的内在机制和规律,也能为产业发展提供有力支持。服务研究在产业竞争情报研究中占据了重要地位。这是因为产业竞争情报活动的本质是为产业发展提供信息服务。服务研究主要关注如何根据产业需求,提供精准、有效的竞争情报,包括竞争情报的收集、处理、分析、传递等环节。优化服务流程和提高服务质量,可以更好地满足产业发展的需要,提升产业的竞争力。分析框架及方法研究主要探讨如何运用各种分析工具和方法,对产业竞争情报进行深入挖掘和分析,从而揭示产业竞争的发展现状、趋势和相关策略。这些分析框架及方法包括但不限于SWOT分析模型、波特五力分析模型、PESTEL分析模型等,为产业竞争情报的深入分析提供了有力支持。应用研究是产业竞争情报研究的重要组成部分。它主要关注如何将产业竞争情报的理论和方法应用于实际产业发展中,解决产业发展中的实际问题。应用研究不仅可以检验理论和方法的有效性,还可以为产业发展提供实用的解决方案和建议。

第三节 产业竞争情报的意义与作用

随着全球化进程的推进,产业竞争愈发激烈,在这样的背景下,产业竞争情报系统的研究和构建显得尤为重要。产业竞争情报系统有助于企业及时获取并分析有关竞争对手的信息,以便企业做出更为科学、合理的决策。然而,如何构建有效的产业竞争情报系统,以及如何运用这个系统来提升企业的竞争力,一直是学术界和业界关注的焦点。

在创新驱动发展的大背景下,产业竞争情报的需求和服务策略也在发生深刻变化。一方面,企业需要更精准、更快速地获取和利用竞争情报,并根据竞争情报及时调整战略,以应对市场的变化;另一方面,产业竞争情报服务的提供者也需要不断创新服务模式,以满足客户日益多元化、个性化的需求。此外,基于Web的信息抽取技术在陶瓷企业竞争情报系统的开发中得到了广泛应用,这为产业竞争情报的获取和处理提供了新的可能。通过分析竞争数据,我们既可以了解到当地支柱行业的竞争状况的变化和发展,也能掌握其他行业的创新步伐和策略布局,并识别出行业的创新潜力、创新收益和创新风险。这种策略有助于企业识别竞争的优势和劣势,确定一个重要的竞争转折点,并根据这个转折点预先为地方主导产业的未来发展做好相应的策略,以增强地方主导产业的创新实力,获得竞争优势。

通过观察一个国家或地区的相同或类似行业在市场上的竞争情况,可以得出,某个行业的竞争实力是指,与这个行业的竞争者相比,这个行业的生产效率。一个国家或地区的工业竞赛反映了这个国家或地区的资源分布效能、工业结构的科技进步程度和工业竞赛策略。

在经济全球化的背景之下,每个国家或地方都需要对其产业的真实进程有精确的把握。对于某一行业而言,我们需要做到有能力即刻获取并研究该行业的国内外的资金、科技、人力、政策等方面的市场情况,从而更好地理解全球产业的竞赛趋势,并且能够找出对该行业发展产生阻碍的主要元素,而实施产业竞争情报活动便能在一定程度上达成这个目标。因此,获取并优化产业竞争信息的理念和手段是非常关键的,这主要表现在以下几个方面:①实施行业竞争信息活动可以提升行业的整体竞争实力。实施行业竞争信息活动不仅有助于提升产业结构的层次,推动产业结构的升级,还能加速产业技术创新的步伐,并指导产业健康、稳定发展。②产业竞争信息对于产业内相关公司的决策至关重要。这是因为产业是由众多小型企业根据特定的经济规律和关系标准构建的群体,而企业是产业竞争的核心和基础单位。在激烈的市场竞争中,了解行业趋势、竞争对手的动态以及消费者需求等关键信息,对于企业制定有效的市场策略、优化资源配置以及提升竞争力具有不可或缺的作用,因此,产业竞争信息能够为行业中的企业的生产运作以及其他决策过程提供参考。

第四节 产业竞争情报的运行模式与应用研究

在产业竞争情报模型中,由企业家构建的商会或行业协会将取代企业的社会资本。商会或行业协会主要是由企业家组织的,负责收集和整理有关产业竞争的信息,各种社会资源都被纳入考虑范围。这些商会或行业协会的信息传递系统,负责将这些数据传递给企业的管理者以及其他有关的专业人士进行数据的梳理和解读。虽然产业竞争情报研究的发展起步较晚,但其发展势头依然强劲。企业家与专业分析师联合构建了专门的竞争情报团队,他们的任务是收集并解读行业的竞争情报。

产业竞争情报是企业进行决策、优化布局和提升竞争力的重要工具。在信息化时代，企业面临着大量复杂的信息，如何有效地获取、处理和利用这些信息，是企业竞争情报应用面临的关键问题。产业竞争情报的应用有助于企业了解行业动态，把握市场趋势，分析竞争对手的策略，从而制定出更有效的竞争策略。

第五节　未来竞争情报的规划与发展

制定竞争情报规划是竞争情报工作中至关重要的一个环节，涉及明确竞争情报需求、制订收集分析计划、评估竞争情报需求、关注组织领导者或高级管理人员的需求等多个方面。有效的竞争情报规划能够确保竞争情报工作的有序进行，提高竞争情报的收集和分析效率，为组织的决策提供有力支持。

明确竞争情报需求是制定竞争情报规划的起点。我们必须明确哪些个体、哪个部门需要收集和分析哪个领域的信息，并且理解这些信息的应用目标。通过对组织内部的需求进行深入分析，我们可以确定需要收集的信息的类型、范围和优先级。

制订收集分析计划是制定竞争情报规划的核心。这个计划应该包括任务分配、时间安排、备用方案等。在任务分配方面，要明确每个人的职责和工作内容，确保工作能够有序进行。在时间安排方面，要合理，并且考虑到各种因素可能对工作进度产生的影响。同时，为了应对不可预见的情况，还需要制定备用方案，确保竞争情报工作的连续性和稳定性。

在制定竞争情报规划时，对竞争情报需求的评估是非常关键的一步。通过对组织内部的竞争情报需求进行评估，我们可以确定哪些信息是最需要的，哪些信息的紧迫性更高，这有助于我们合理分配资源和精力，优先处理更重要的竞争情报任务。此外，还需要关注组织领导者或高级管理人员的需求，他们可能对某些特定的竞争情报问题有更深入的了解和关注，因此在制定竞争情报规划的过程中，需要与他们进行深入的交流，确保竞争情报工作能够满足他们的需求。

在竞争情报收集方面，应根据竞争情报的规划，从宏观、中观、微观等多个方面进行信息的收集和分析。宏观信息主要涉及行业趋势、政策法规等；中观信息则关注产业发展、技术发展等；而微观信息则聚焦于企业本身及其竞争者的情况。研究市场环境及企业竞争者的特性，是信息收集任务的核心。此外，还涵盖了对当前领域的发展动向、相关政策法规的调整、全球市场的走向的探讨，以及对竞争者的经济形态和战略布局的深度剖析。这些分析有助于企业了解市场环境和竞争态势,为制定有效的竞争策略提供有力支持。

制定竞争情报规划是竞争情报工作中不可或缺的一环。明确竞争情报需求、制订收集分析计划、评估竞争情报需求、关注组织领导者或高级管理人员的需求等方面的工作,可以确保竞争情报工作有序进行和高效完成,为组织的决策提供有力支持。

伴随着世界各地的商业竞赛越来越激烈以及信息技术的飞速进步,竞赛情报的价值变得越来越明显。为了在激烈的商业竞赛中保持领先地位,企业需要最大限度地运用内部和外部的信息资源,掌握市场趋势,理解竞争者的行动,从而制定出高效的竞争战略。

内部竞争情报的收集和利用是构建企业竞争优势的基础。可以通过设立竞争情报热线或邮箱,鼓励员工积极提供竞争情报,从而有效激发员工的参与意识和归属感,同时也有助于营造企业内部的信息共享氛围。在常规的企业会议方面,可以对企业的内部资讯进行汇总,并确保信息的实时性与精确度,这些资讯能够对企业的决策产生重要的影响。

外部竞争情报的获取则有助于企业了解市场趋势、竞争对手动态和行业发展趋势。通过新闻、专业论坛、展会、竞争对手公司网站等渠道,企业可以获取大量的公开信息。同时,可以利用专利文献等资源,深入挖掘行业的技术动态和创新趋势。市场研究咨询公司和商业数据库等专业机构则能够为企业提供更为深入和专业的竞争情报服务。产业在发展的过程中对于竞争情报的应用是战略需求推动的结果。通过对竞争者的分析、用户的细分和需求的识别、风险的预警和防护等方面的研究,企业可以更加清晰地了解自身在市场中的定位和发展方向。同时,竞争情报也是开启产业核心竞争力创新性研究的关键,有助于企业发现新的增长点和创新点,提升产业的整体竞争力。

未来,竞争情报研究和产业发展将呈现以下趋势。首先,竞争情报的服务领域会有所拓展,由以前的支援商业行为,逐渐延伸至IP防护、整合重塑以及产业安全等与策略操控有关的环节。其次,伴随着全球经济的整合以及各个地方的快速发展,各个地方的竞争会变得越来越激烈,尤其在国际和本土的竞争中,对于竞争情报的探索和使用,会更倾向于跨国界、跨地区的协同和分享。最后,竞争情报的服务架构也会得到进一步的优化,构建出既包含定量又包含定性的评价模型。同时,新兴产业的进步会给竞争情报带来全新的使用范围与研究路径,例如,人工智能、大数据等科技的普及会使得竞争情报的收集、解读与运用变得更有效率且简单。企业必须充分运用内外部的信息资源,提升信息收集、解析和应用的技能,以适应激烈的市场竞争和持续变化的市场环境。同时,政府和社会各界也应加强对竞争情报的重视和支持,推动竞争情报研究和应用的深入发展。竞争信息行业呈现出多元化发展、全面发展的进步态势,对行业乃至国家或地区的竞争能力的大规模、中等规模的竞争信息进行分析,已然转变为经济管理领域的焦点,这同时也成为各级政府设计、执行发展策略与竞赛政策的关键参考。随着理解的深入与探索手段的多元化,竞争情报的应用范围不断向不同领域扩散,并引起了广泛而持续的关注。

第七章　陶瓷产业竞争情报研究

第一节　国内外陶瓷产业现状分析

一、我国陶瓷产业现状分析

李海东等人(2015)对陶瓷产业集群的相关研究资料进行了整理,并采用GEM模型来衡量德化陶瓷产业集群的竞争实力。他们观察到,德化陶瓷产业集群的竞争实力虽然超越了全国的平均水准,但与国际先进水准相比,仍存在一些差距。因此,他们提出了从产业结构调整、产业发展模式转变和人才引进机制建设等方面提升产业竞争力的建议。

景德镇作为历史悠久的"陶瓷之都",拥有深厚的陶瓷文化底蕴,为陶瓷文化创意产业的发展提供了得天独厚的条件。从中央到地方,我国各级政府出台了相关政策,为推动陶瓷文化创意产业稳定、有序和高效发展提供了有力的政策保障。社会基础设施的日益完善,为陶瓷文化创意产业的发展提供了良好的硬件环境。尽管景德镇陶瓷行业人力资源丰富,但高端研发、生产和销售人才短缺,这在一定程度上制约了陶瓷产业的发展。面对国内外市场需求的波动和产业结构的调整,景德镇高科技陶瓷产业需要不断创新,以适应市场需求的变化;加强高端陶瓷人才的培养和引进,优化人才结构,提升产业的整体素质和竞争力;加大科研投入,推动陶瓷技术的创新和应用,开发出更多具有市场竞争力的陶瓷产品;利用数字化手段,加强市场营销和品牌建设,拓展国内外市场,提升景德镇陶瓷的知名度和影响力。

王姝姝等人(2022)借鉴景德镇的烧造技艺以及保留下来的古代陶艺遗址,对景德镇的陶艺行业的发展情况进行了深度剖析。他们观察到,尽管该行业的进步趋势明显,但依旧面临着缺乏竞争优势的挑战。因此,他们提出了一系列的策略,包括增强特色文化产业与其他行业的整合、大力吸纳人才、实施留存政策、培养领军公司、加强品牌塑造、注重IP维护等,以增强行业的竞争实力。

二、国际陶瓷市场现状分析

我国是陶瓷生产大国,我国陶瓷产品凭借较高的质量和较低的成本赢得了全球的赞誉。我国的陶瓷产品通常会与国外的同类产品形成竞争关系,较大的出口规模也导致我国的陶瓷产品在某些国家面临着反倾销的审查。尽管我国的陶瓷产品因为贸易障碍而在海外市场上遭遇了打击,但是,随着技术的进步,我国已经有能力生产出满足新标准的陶瓷。再加上全球经济增长的放缓,我国出口的陶瓷产品逐渐适应了国际市场的发展趋势,因此,我国有足够的能力保持其出口量的稳定。从文化视角来看,我国陶瓷产品承载着深厚的文化底蕴,这不仅因为陶瓷拥有悠久的历史,体现了精湛的技艺,还在于陶瓷具有独特的美学表达和文化寓意。因此,陶瓷市场确实具备超越日用陶瓷市场和卫生陶瓷市场、寻找更大发展机会的基础。

当前,无论是在国内市场上还是在国际市场上,卫生陶瓷和日用陶瓷等领域都面临着激烈的竞争,这种竞争既体现在同类产品的价格和质量等方面,也体现在设计创新、品牌塑造等方面。特别是在日用陶瓷领域,国内市场正趋于饱和,而国际市场上的竞争也日趋白热化。在这种情况下,陶瓷行业需要寻找新的增长点,以应对市场的饱和和竞争的加剧。

国内高端陶瓷市场目前主要依赖于进口国外的高科技陶瓷,这显示出国内陶瓷行业在高端市场上的不足。一些国家凭借其技术优势,控制了高科技陶瓷市场,并通过技术垄断来提高价格。这不仅增加了国内陶瓷企业的采购成本,还限制了国内陶瓷行业的发展空间。因此,国内陶瓷企业迫切需要加强自主研发和创新,开发和生产具有竞争力的新产品,以打破国外的技术垄断和市场壁垒。

从全球市场的角度来看,陶瓷行业仍具有广阔的发展前景。随着全球经济的复苏和人们生活水平的提高,人们对高品质、高附加值的陶瓷产品的需求将会不断增加。科技的不断发展和创新,拓宽了陶瓷产品的应用领域,如航空航天、电子信息、生物医疗等领域都对陶瓷材料有着迫切的需求。因此,我国陶瓷行业应抓住机遇,加强自主创新,提升产品质量和设计水平,拓展新的应用领域和市场空间。我国政府也应加大对陶瓷行业的支持力度,提供政策扶持和资金支持,推动陶瓷行业的转型升级和可持续发展。

第二节　陶瓷产业竞争情报的意义与作用

陶瓷,作为中国传统文化的重要载体,以其独特的艺术魅力和文化内涵,深深地影响着中国人的生活。其中,景德镇因其具有精湛的工艺和丰富的文化内涵的陶瓷,被誉为"瓷都"。然而,随着科技的发展和社会的进步,传统的陶瓷产业面临着诸多挑战,如何适应新的环境,创造出具有竞争力的产品和服务,成为当前陶瓷产业发展面临的重要课题。对于增强我国产业的自我创新实力,产业技术竞赛信息起着至关重要的作用。其中一大原因就是,政府负责采集并利用产业技术竞赛信息,其主旨是制定出各个领域的行业发展蓝图。若是产业技术竞赛信息不正确,往往会干扰一个地方,甚至一个国家的行业进步。

提升地区经济的增长速度,维持地区经济的活跃度和自主创新能力,是我国各个地区发展所追求的目标。在这一背景下,科技发展规划的制定显得尤为关键,科技发展规划不仅能够指导地区科技发展的方向,还能够促进产业升级和经济转型。在国际上,技术路线图作为有效的技术预测手段,已经被广泛应用于产业规划和科技发展决策中。它能够帮助决策者明确产业发展趋势,识别关键技术和市场需求,进而制定出具有前瞻性、科学性和实用性的科技发展规划。我国许多地区也在积极尝试在产业技术路线图的基础上制定当地的科技发展规划。这一做法不仅有助于提升地区科技创新的针对性和实效性,还能够加强产业链上下游的协同创新,推动产业集群的发展。

竞争情报服务在产业创新发展中扮演着至关重要的角色,它是产业从初创阶段转向规模化发展的关键推动力。以中国大豆异黄酮产业的创新发展为例,其"从0到1"、从弱小到强大的发展过程充分展示了竞争情报服务的重要性。由于外部专业信息服务机构能够向产业界提供与客户需求相匹配的、准确的、及时的且有利于客户做出决定的信息,从而增加客户的运营利润,因此,这些信息一定会受到产业界的极大关注并被广泛接受。

通过对竞争情报的深度剖析,陶瓷行业信息服务机构可以找出推动陶瓷行业创新进步的核心元素,明确陶瓷企业的职责,针对客户亟须处理的科技和市场难题,以及陶瓷行业发展的根本性、预见性、持久性难题,为客户提供相应的竞争情报服务。显然,与仅关注当下的企业相比,这些获得了竞争情报的企业的视野更为开阔,能够对整个行业的关键问题形成更加深入的理解,更能把握行业的需求及行业的发展演变趋势,具有较强的洞悉能力和预测能力。包括陶瓷行业在内的众多行业,其创新进步深受外部专业信息服务机构的影响,这些机构通过提供前沿的信息和技术,为行业的创新发展提供了强大的支持。

以陶瓷行业为例,自主设定的产业调查分类目录,无疑是一种创新的竞争情报工作方式。这种目录不仅明确了陶瓷企业的业务重心和覆盖范围,还能将有限的人力和物力精准地投向目标产业的用户群体。通过这种方式,陶瓷企业能够为用户提供高度相关的、具有针对性的、真实且及时的竞争情报服务,帮助用户做出更为明智的决策。

此外,外部专业信息服务机构的创新也在不断推动着陶瓷行业的进步。这些机构通过研发新的技术、方法和工具,为陶瓷行业提供了更为高效、准确和全面的信息服务。这不仅有助于提升陶瓷企业的竞争力,还可以为整个行业的创新发展注入新的活力。独立的竞争情报服务有助于外部专业信息服务机构妥善处理现有行业的深度运营与新兴行业的发展之间的联系。这样一来,他们就能够保持对现有行业的持续性支持,建立起自己的品牌影响力,同时也能够依照企业的业务进步,持续地探索和扩充新的行业领域,进一步完善和优化研究和咨询行业分类清单,从而推动企业的业务范围持续壮大。此外,在竞争情报服务的关键技术的发展方面,独立的研究和咨询行业分类清单为这些机构提供了在操作过程、策略模型等层面的支持。

近年来,山东、景德镇等地的陶瓷产业发展状况引起了广泛关注。这些地区不仅在传统陶瓷制作技艺上取得了显著成就,而且在陶瓷文化创意产业方面展现出了巨大的发展潜力。数字时代的到来,为陶瓷文化创意产业的发展带来了新的机遇和挑战。虽然我国的陶瓷行业在世界市场上具有显著的竞争力,但是其生产依旧有部分延续着古老的方式,这种方式消耗了较多的自然资源,导致了一定的环境问题。高能源消耗和高污染的产业链与可持续发展的原则相悖。因此,我们需要对陶瓷行业进行改革和创新，对产业链进行改造和提升，寻找新的可持续发展方式，以实现陶瓷的环保发展。面临全球性的气候变化和能源问题，我们需要在经济增长与环境保护之间寻找平衡，特别是针对高能耗、高污染、高排放的陶瓷行业，我们需要在碳达峰碳中和的目标下寻找一条绿色的可持续发展之路，以达到节约能源、降低排放的目标。对于能源的运用、科技的革新、尖端产品的制造以及废物的再生利用等领域，有必要进行更加深入的探讨。此外，还应该对中国陶瓷工业当前的发展情况进行整理，并对其存在的问题进行剖析，以期找到推动我国陶瓷产业发展的有效途径。

高科技陶瓷产业是一个涵盖新材料、新工艺和高端应用的综合性产业。高科技陶瓷产业在发展过程中，应注重对知识产权的维护。陶瓷企业需要加强专利申请和保护工作，防止技术泄露和侵权行为的发生。同时，陶瓷企业还应积极参与行业标准的制定和知识产权交易的合作，以维护自身的合法权益和商业利益。未来，高科技陶瓷产业的技术发展将主要围绕新材料、新工艺和新应用展开。新型陶瓷材料的研发将更加注重环保、高效和可持续发展，新工艺的推广将有助于提高陶瓷产品的生产效率和质量，新应用的拓展将推动陶瓷产业向更多领域延伸。

高科技陶瓷产业的产业链包括原料采购、加工制造、销售等环节。要想提升整个产业链的竞争力，需要加强产业链上下游企业之间的协同，实现资源共享和优势互补。同时，还应注重产业链的延伸和拓展，推动陶瓷产业与其他相关产业的融合发展。

对于高科技陶瓷产业而言，陶瓷企业的核心竞争力主要体现在技术创新、产品质量、品牌影响力、市场营销等方面。陶瓷企业要想提升核心竞争力，需要加大研发投入，提升自主创新能力；加强质量管理和品牌建设；优化市场营销策略，提升市场占有率。

资源配置是高科技陶瓷产业发展的重要环节，陶瓷企业需要根据市场需求和自身发展战略，合理配置人力、物力、财力等资源。同时，陶瓷企业还应注重资源的节约和循环利用，实现可持续发展。

政策资源对高科技陶瓷产业的发展具有重要影响。政府可以通过制定优惠政策、提供资金支持、建立产业园区等方式，为陶瓷企业提供良好的发展环境。陶瓷企业应积极关注政策动态，充分利用政策资源来推动自身发展。

品牌资源是高科技陶瓷产业的核心竞争力之一。陶瓷企业应注重品牌建设和维护，提升品牌知名度和美誉度。通过加强品牌宣传和推广，陶瓷企业可以吸引更多消费者和合作伙伴,提升市场份额和竞争力。

人才资源是高科技陶瓷产业发展的重要支撑。陶瓷企业需要加强人才培养和引进工作,建立一支高素质、专业化的技术和管理团队。陶瓷企业可以通过提升员工的技能水平和综合素质,推动技术创新和产业升级。

资源整合能力是高科技陶瓷产业提升竞争力的关键。陶瓷企业需要具备将各种资源进行有效整合的能力,包括技术、资金、人才、市场等方面的资源。陶瓷企业可以通过优化资源配置和整合方式,提升运营效率和创新能力。

可持续发展能力是高科技陶瓷产业长远发展的基础。陶瓷企业需要注重环保和可持续发展,采用环保的生产工艺和材料,降低能源消耗和环境污染。同时,陶瓷企业还应承担社会责任,关注公益事业,积极参与社会建设和公益活动。

对于高科技陶瓷产业而言,知识产权的维护是激发创新激情、保护创新成果的重要手段。陶瓷企业需要建立完善的知识产权保护机制,对侵权行为进行严厉打击。同时,陶瓷企业可以通过加强对于知识产权的宣传和教育,提升员工的知识产权意识,激发员工的创新活力。此外,陶瓷企业还应积极参与国际知识产权合作与交流,提升自身在国际市场上的竞争力。

维护商业秩序对于高科技陶瓷产业的健康发展至关重要。陶瓷企业应遵守商业道德和法律法规,诚信经营,公平竞争。同时,陶瓷企业还应注重财务管理和风险控制,确保经营活动的稳健运行。

尽管我国的建筑陶瓷产品生产规模庞大,陶瓷企业众多,然而仍存在能源使用过度、劳动效率偏低、集成度和科技水平偏低等问题。陶瓷企业要想走在陶瓷行业前列,需要走差异化的发展道路,并注重科技创新和产品创新,加大科技研发投入,开发具有自主知识产权的新技术、新工艺和新材料;与高校、科研机构建立产学研合作关系,引进和转化先进的陶瓷生产技术;鼓励企业内部技术创新,设立创新奖励机制,激发员工的创新热情;深入市场调研,了解消费者需求,针对目标市场进行产品设计和定位;注重产品品质和细节,打造高端、精致、具有文化内涵的陶瓷产品;开发多元化产品线,满足不同消费者群体的需求。

我国陶瓷产业虽然在全球市场上占有一定的份额,但近年来在竞争力方面出现了明显的下降趋势。这主要源于两个核心原因:一是国内陶瓷企业数量过多,导致市场竞争异常激烈。在这种竞争环境下,许多陶瓷企业难以投入足够的资源进行科技创新和品牌建设,导致其产品附加值和科技含量相对较低。二是我国在高档、高质量的陶瓷产品方面明显落后于国际先进水平,这进一步限制了我国陶瓷产业在国际市场上的竞争力的提升。全球陶瓷市场正在经历深刻的变革。一些陶瓷工业发达的国家和地区,凭借雄厚的资本、先进的技术设备、完善的市场运行机制以及丰富的营销和管理经验,在国际市场上形成了强大的竞争优势。这些国家和地区的陶瓷企业利用陶瓷相关先进技术,在国际陶瓷市场上占据了重要地位,对我国陶瓷产业构成了巨大的压力。与此同时,在中国市场的持续扩大以及关税的减少的推动下,海外著名的陶瓷企业也在不断发展壮大,并纷纷进入中国市场。这些陶瓷企业在技术、品牌和资金方面占据了优势,拥有先进的生产技术和管理经验,因而在我国陶瓷市场上的各个领域有着较强的竞争力。此外,这些陶瓷企业还开始对我国陶瓷市场进行本土化研究与开发,使我国陶瓷产业面临着更为激烈的竞争。

针对这些挑战,我国陶瓷产业需要进行深入的思考和改革。一方面,我国陶瓷企业需要加强科技创新和品牌建设,提高产品的附加值和科技含量,以应对激烈的市场竞争。另一方面,我国政府需要加大对陶瓷产业的支持力度,采取政策引导措施,加大市场监管力度,使得陶瓷产业能够获得长久发展。此外,我国陶瓷企业还需要加强与国际高科技陶瓷企业的合作与交流,学习借鉴其成功经验和技术成果,从而推动我国陶瓷产业向更高水平发展。

陶瓷产业竞争情报分析是对陶瓷行业内企业竞争态势、市场环境、技术发展等方面的信息进行收集、分析和研究,以帮助陶瓷企业制定科学、合理的竞争策略,提高陶瓷企业的市场竞争力。首先,对竞争对手的分析是陶瓷产业竞争情报分析的重要内容,包括对竞争对手的产品特点、市场占有率、营销策略等信息进行收集和分析。其次,市场环境分析也是陶瓷产业竞争情报分析的重要环节,可以帮助企业把握市场趋势,制定更加符合市场需求的战略,包括对国内外市场需求、政策环境、消费者偏好等信息进行收集和分析。此外,技术发展也是陶瓷产业竞争情报分析的重要方面。随着科技的不断发展,陶瓷行业的技术水平也在不断提高,新技术的应用在给陶瓷企业带来更多的机会的同时,也使陶瓷企业面临更多的挑战。因此,陶瓷企业需要关注新技术的发展动态,及时进行技术升级和创新。最后,陶瓷产业竞争情报分析还需要关注其他相关领域的发展动态。例如,建筑、家居、艺术品等领域的发展趋势会直接影响陶瓷行业的发展方向和市场需求的变动,因此,陶瓷企业需要保持对这些领域的关注,及时调整自身的战略方向。

陶瓷企业技术创新与竞争情报之间存在着紧密而复杂的关系。技术创新是陶瓷企业保持竞争优势、提升市场地位的关键手段,而竞争情报则为陶瓷企业的技术创新提供了有力的支撑和指导。竞争情报在陶瓷企业技术创新中发挥着重要作用。通过收集和分析竞争对手的技术动态、市场趋势和行业信息，陶瓷企业可以更好地降低创新风险。竞争情报还能帮助陶瓷企业发现新的技术机会和市场空白，为陶瓷企业的技术突破和产品升级提供有力支持。陶瓷企业规模对竞争情报需求的变化有着显著影响。大型陶瓷企业由于拥有更多的资源和更强的实力，通常对竞争情报的需求更为广泛和深入，这些企业需要全面了解行业发展趋势、竞争对手的战略布局、市场变化等信息，以制定更为精准和有效的技术创新策略。而中小型陶瓷企业虽然对竞争情报的需求相对较小，但同样需要关注市场动态和技术发展，以便在竞争中保持灵活性和创新性。技术链中的关键技术对于陶瓷企业的技术创新至关重要。关键技术是陶瓷企业实现技术突破和产品升级的核心所在，也是陶瓷企业保持竞争优势的关键因素，因此，陶瓷企业在技术创新过程中需要重点关注技术链中的关键技术，通过加强研发和创新，不断提升关键技术的水平和应用能力。产品集成技术的突破与市场份额的扩大密切相关，陶瓷企业需要不断提升产品的集成技术水平和创新能力，以满足市场需求并获得更大的市场份额。通过突破产品集成技术，陶瓷企业可以开发出更具竞争力的产品，提升品牌形象和市场地位，从而实现市场份额的扩大和盈利能力的提升。然而，产业技术创新是一个充满风险和不确定性的过程。技术风险、市场风险、财务风险等都可能对陶瓷企业的技术创新产生负面影响。因此，陶瓷企业在技术创新过程中需要充分考虑各种风险因素，制定有效的风险管理策略，以降低风险并保障创新活动的顺利进行。陶瓷企业技术创新与竞争情报密切相关，技术链中的关键技术对陶瓷企业的技术创新至关重要，产品集成技术的突破有利于陶瓷企业扩大市场份额，而产业技术创新则伴随着风险和不确定性。

景德镇的陶瓷是中国传统工艺的瑰宝，拥有千年历史和深厚的文化底蕴。近年来，随着科技的发展和市场的变化，景德镇陶瓷产业也在不断创新发展，特别是在高科技陶瓷、文创等方面取得了显著的成绩。

郑四华等人（2021）对景德镇高科技陶瓷的发展状况进行了研究。他们强调，景德镇近年来逐步迈向高质量发展的道路，在创新驱动的发展策略的引领下，景德镇的陶瓷高科技企业数量实现了飞跃式增长，从2015年到2018年，短短3年的时间里，从最初的4家增加到了19家。到了2019年，这种增长势头依然强劲。经过专家严格的评审和核查，第一批有8家陶瓷高科技企业入选名录并成功提交给科技部，第二批入选名录的有8家陶瓷高科技企业，第二批入选名录的企业的科技含量、创新能力等有了显著提升。2019年纳入该科技型中小企业信息库的企业达100家,其中包括36家陶瓷企业。此外,他们还围绕如何打造陶瓷"双创"平台进行了讨论,并且逐渐建立起以高新技术陶瓷为主导的制造基地和创新领域的关键议题。

苏娜娜(2023)研究了数码科技对景德镇的陶艺文化创新以及产业发展的影响,并指出,近10年来,数字化技术的飞速进步为文化创意产业带来了新的发展机遇。景德镇陶瓷作为一种拥有悠久历史和浓厚民族特色的传统工艺,也开始在文化创意产业中崭露头角。在数字技术全面赋能文化创意产业全链条的背景下,景德镇陶瓷文化创意产业也取得了一些令人瞩目的成就。苏娜娜从数字化时代的视角对景德镇陶瓷文化创意产业的发展状况进行了深入探讨,并对其未来发展趋势进行了预测。

山东陶瓷和景德镇陶瓷的发展现状以及文化创意产业的发展状况都得到了深入的研究,这些研究成果不仅揭示了这两个地区陶瓷产业的现状,也为这两个地区陶瓷产业未来的发展提供了宝贵的参考。同时,数字时代对陶瓷文化创意产业的影响也被充分地探讨,这对于我们理解和把握陶瓷产业未来的发展趋势具有重要的意义。尽管我们已经取得了一些成果,但在陶瓷产业的研究中仍有许多问题需要进一步探索。例如,如何更好地利用现代科技推动陶瓷产业的发展,如何将传统文化与现代设计相结合以创新陶瓷产品,以及如何通过政策引导和市场机制来优化陶瓷产业链,等等。

第三节　关于产业技术创新的竞争情报研究

在对产业技术创新竞争情报需求的调研中,企业、信息中心以及其他相关机构等提供竞争情报的技术主体以及实现竞争情报信息共享的方式占据了显著比例。这些技术主体通过整合技术能力和资源,充分利用竞争情报技术和成果的集结优势,为产业技术创新提供了有力支持,然而,政府和行业联盟在产业技术创新和竞争情报服务方面还存在一些短板,尤其在陶瓷产业这一具体领域中,这些短板的影响更为显著。

政府层面的短板主要表现在引导协调力度不足和政策支持不够精准等方面。在产业技术创新过程中,政府应发挥更为积极的作用,通过制定有针对性的政策,激励企业、信息中心和其他相关机构更深入地参与技术创新和竞争情报的共享。此外,政府还需加大对基础研究的投入,提升整个产业的创新能力和水平。在陶瓷产业中,由于技术的复杂性和产业链的广泛性,政府的引导和协调作用尤为重要。

行业联盟层面的短板则主要体现在资源整合和协同创新的不足等方面。行业联盟作为连接企业与政府、学术界的桥梁,应发挥其资源整合和协同创新的优势,推动产业内的技术交流和合作。然而,目前一些行业联盟在资源整合和协同创新方面还存在明显不足,导致产业内的技术创新和竞争情报服务难以形成合力。在陶瓷产业中,由于产业链的复杂性和技术的多样性,行业联盟应更加注重跨领域、跨企业的合作,共同推动产业的技术创新和升级。

针对以上这些短板,政府和行业联盟需要采取一系列措施加以改进。政府应加大对产业技术创新的投入,制定更为精准的政策措施,激励企业和其他机构积极参与技术创新和竞争情报的共享。同时,政府还应加强与行业联盟的合作,共同推动产业内的资源整合和协同创新。行业联盟则应加强自身建设,提升资源整合和协同创新的能力,推动产业内的技术交流和合作。在陶瓷产业中,技术创新和竞争情报服务的重要性不言而喻。加强政府引导、优化政策支持、提升行业联盟的协同创新能力等措施,可以进一步推动陶瓷产业的技术创新和升级,提升产业的竞争力和可持续发展能力。

技术创新是推动陶瓷产业持续发展的核心动力,而多种来源的竞争情报资源则是支持技术创新的必要条件。这二者相辅相成,共同推动着陶瓷产业的升级与发展。首先,技术创新是陶瓷产业的核心竞争力所在。陶瓷制品的制作技艺、材料研发、造型设计等方面都需要不断进行创新,以满足市场的多样化需求。在技术创新的过程中,陶瓷企业需要充分利用各种资源,包括行业内的最新技术动态、市场需求变化、竞争对手情况等,以制定合理的技术创新策略。其次,多种来源的竞争情报资源对于陶瓷产业的技术创新至关重要。这些竞争情报资源可以来自行业内的专业机构、市场研究机构、竞争对手等,也可以来自消费者、合作伙伴等外部渠道。通过收集、整理和分析这些竞争情报资源,陶瓷企业可以更好地了解市场需求、技术发展趋势和竞争对手的动态,从而制定出更加精准的技术创新方案。

在不同的发展阶段,陶瓷企业的竞争情报需求也存在明显的差异。在初创期,陶瓷企业可能更关注市场需求和消费者偏好的变化;在成长期,陶瓷企业可能更关注技术发展趋势和竞争对手的动态;而在成熟期,陶瓷企业可能更关注如何保持技术领先地位和拓展新的市场领域。因此,陶瓷企业需要根据自身的发展阶段和市场环境,有针对性地收集和分析竞争情报资源。此外,陶瓷产业还提供了丰富的竞争情报服务产品线。这些产品线不仅包括传统的资料汇编、翻译和报告等服务,还包括专题研究、调查咨询等更具深度的服务。这些服务能够帮助陶瓷企业更加全面地了解市场和技术动态,为技术创新提供有力的支持。在提供高质量产业竞争情报服务方面,陶瓷产业还需要建立相应的工作机制和支持条件,包括制定科学的竞争情报收集和分析方法、建立有效的竞争情报共享机制、培养专业的竞争情报分析团队等。同时,陶瓷企业还需要注重建立员工的激励机制和培训机制,以提高员工的积极性和专业能力,为技术创新和竞争情报服务提供有力的人才保障。

景德镇作为"千年瓷都",以其精湛的制瓷技艺和精良的陶瓷制品享誉国内外,为陶瓷企业在国际市场上树立了独特的品牌形象,然而,如何提升陶瓷文化产业的竞争力,使其在全球化背景下更好地发展,是当前要解决的重要问题。

第八章 产业竞争策略选择

第一节 产业竞争策略选择的意义

在对产业竞争情报理论方法、需求、服务策略、服务模式演化、信息活动开展方式以及基于 Web 信息抽取的竞争情报系统开发等方面进行深入研究后,我们可以得出一个结论:产业竞争情报在提升特定产业整体竞争优势中发挥着至关重要的作用。同时,省域产业协作领域定位指标体系的构建也为产业竞争情报研究提供了新的视角和思考方向。

当前陶瓷产业竞争情报的研究仍然面临许多挑战。例如,如何更有效地利用 Web 信息抽取技术来获取和处理竞争情报,如何根据不断变化的产业环境调整竞争情报服务策略,以及如何建立更为科学合理的产业竞争情报评价体系等问题仍待解决。

随着全球化进程的加速,陶瓷产业面临的竞争日益激烈,产业内的竞争情报研究成为影响企业决策的关键因素。Web 信息抽取技术是现代竞争情报研究的重要手段,它能够帮助我们从海量的网络信息中快速、准确地提取出与产业相关的竞争情报,然而,如何更有效地利用这一技术,使其更好地服务于陶瓷产业的竞争情报研究,仍是一个亟待解决的问题。陶瓷产业的经营环境是动态变化的,这就要求我们的竞争情报服务策略能够随之调整。但如何在短时间内制定出符合市场需求的策略,以保证竞争情报服务的及时性和有效性,是另一个摆在我们面前的难题。建立一个公正、科学的竞争情报评价体系,不仅可以提升我们服务的质量,还能增加用户的信任度。如何确定各种评价指标及其权重,如何保证评价的客观性和公正性,这些都是需要深入探讨的问题。

第二节 相关策略研究

一、提高产业创新能力

在大数据的发展浪潮下,产业竞争情报工作不仅迎来了前所未有的机遇,也面临着巨大的挑战。数据的多样性和动态性要求我们必须具备高效采集和融合多源数据的能力,以发现这些海量信息中的潜在价值。大数据为产业竞争情报提供了大量的数据源。从市场报告到竞争对手的公开信息,从行业论坛的讨论到社交媒体的用户反馈,这些都是宝贵的竞争情报资源。通过综合运用自然语言处理、数据挖掘和机器学习等技术,我们可以对这些数据进行深度挖掘和分析,从而发现市场趋势、竞争对手的战略意图以及消费者的真实需求。大数据要求竞争情报工作必须具备高精准性和强时效性。在竞争激烈的市场环境中,哪怕是一点点的信息延误或偏差,都可能导致企业错失良机或陷入被动。因此,我们需要建立高效的竞争情报分析模型并应用相关算法,以确保能够在第一时间获取并分析出最有价值的信息。同时,我们还需要不断优化竞争情报收集渠道和流程,确保数据的准确性和完整性。

技术创新情报在大数据背景下显得尤为重要。技术创新是推动产业发展的重要动力,而竞争情报则是获取技术创新情报的关键途径。通过监测行业内的技术动态、专利信息和研发进展,我们可以及时了解到新兴技术的发展趋势和应用前景,为企业制定技术战略和创新路径提供有力支持。在构建竞争情报系统时,我们可以将技术研发中心纳入考虑范围,通过构建组织网络与信息网络的协同机制,实现技术研发与竞争情报收集的无缝对接,这样不仅可以提高竞争情报工作的效率和准确性,还可以为企业的技术创新提供更加全面和深入的支持。

二、个性化定制竞争情报的等级划分和类别判别

刘细文与马费成提出,在高度重视技术的社会环境下,科技竞争情报已经突破了宏观科技治理、公共治理、行业政策研究等范畴的界限,其核心目标是为行业的竞逐和针对产业的发展战略所进行的研讨提供竞争性咨询与服务。

工业领域决策高层、不同部门的管理层、竞争情报专业人士以及一线职员在接收信息的方法与习惯方面存在差异,因此,我们在设计竞争情报软件系统时应注重体现多样性和灵活性,以满足不同用户的需求和习惯。这不仅是一个技术挑战,还是一个涉及用户体验和个性化服务的重要议题。所设计的竞争情报软件系统应能兼顾不同竞争情报用户的习惯或爱好的差异,提供个性化的设置选项。通过内部网络登录竞争情报软件系统搜索有关竞争情报或查看个性化定制的竞争情报是一个很好的实践,竞争情报人员可以通过这种方式迅速将极其关键的资讯传递至有关机构,资料的时效性得到了保障,并实现实时更新。此外,竞争情报人员还能针对不同行业的具体状况和需求,精选合适的竞争情报产品及服务搭配。例如,为了充分发挥竞争情报服务的作用,产业界可能会依据资讯的紧迫性、可实施性和信赖度这三个维度,进行竞争情报服务的优化配置。

在当今快速变化的市场环境下,一个有效的竞争情报系统对于地方支柱产业来说,不仅是提升竞争力的关键,也是实现可持续发展的基础。竞争环境和竞争对手的不断变化是地方支柱产业面临的主要挑战之一。技术的快速发展、市场需求的变化、政策法规的调整等都可能对产业竞争格局产生深远影响。因此,相关人员应对创新能力的评价和创新信息的收集保持高度的敏感性和前瞻性,以便及时捕捉市场机会和应对潜在威胁。竞争情报系统的建立和完善是一个长期的过程,需要地方政府、企业、竞争情报人员等多方面的共同努力。地方政府可以提供政策支持和资金扶持,推动产业创新发展;企业则需要积极参与市场竞争,不断积累经验和提升创新能力;竞争情报人员则需要具备专业的知识和技能,能够准确收集、分析和传递竞争情报。

竞争情报系统的日常运营及其在实践中的不断完善和扩展也是至关重要的。企业需要对竞争情报系统进行不断更新和优化,以适应市场变化和技术进步。同时,企业还需要加强对竞争情报人员的培训和教育,提高他们的专业素养和综合能力,为竞争情报系统的高效运行提供有力保障。产业技术竞争情报是制定技术创新策略、优化技术创新活动的关键因素。当前许多企业都能够充分认识到产业技术竞争情报的重要性,但由于在资金、资源、能力等方面存在局限性,企业在产业技术竞争情报方面所展开的工作还很不到位。相关调研显示,有超过一半的企业表示曾因产业技术竞争情报和市场信息的通道闭塞或获取不及时而遭受经济损失,可见尽管当前大部分企业对其所处的领域的科技竞赛信息的需求非常迫切,但由于科技竞赛信息的内涵与外延具有一定的复杂性,企业的这些需求尚未被充分满足。

在未来的研究中,我们应该从企业的微观层面上升到产业的中观层面,汇聚更多的科研力量进行相关研究,进而从更加全面和系统的视角,揭示产业竞争情报的深层规律和作用机理。随着大数据、云计算、"互联网+"等技术的快速发展,这些技术对产业竞争情报的影响日益显著。因此,我们需要积极开展相关研究,探讨这些新技术是如何改变产业竞争情报的收集、分析和应用方式的。我们不仅要关注战略性新兴产业和高新技术产业,还应加强对劳动密集型、以制造加工为主的传统产业的研究,以更全面地了解不同产业在竞争情报方面的需求及其面临的挑战。为了建立统一、完善的研究体系,我们需要加强对产业竞争情报作用机理等深层次问题的分析和探讨,这有助于我们更深入地理解产业竞争情报的本质和价值,为实际应用提供更有力的理论支持。同时,我们还应尝试引入其他学科领域的研究方法,特别是量化分析方法,以推进产业竞争情报的分析方法和评价方法的发展。个性化定制竞争情报的等级划分和类别判别,是竞争情报产品细致治理的有效途径,同时也是产业竞争情报服务的智能化水平的关键表征。

政府的积极支持对工业竞争情报和智能化服务的稳步推进起到了至关重要的保护作用。在宏观层面,可以对工业竞争情报智慧服务领域进行顶级架构和项目规划,扩展工业互联网平台在各行各业的运用,以充分激发平台的潜在价值。这种做法有助于高层次的竞争情报资源的汇集与整合,从而形成具有国际视野的产业竞争情报高地,进而提高产业竞争情报服务的效益与竞争力,降低成本,提升效率,实现资源的最优化配置。在微观层面,可以以精细化企业画像和全面产业图谱为基础,促进多元产业资源的有效集聚和高精度的资源对接,加快对智能化服务的落实及其功能的不断更新。全球竞争愈发激烈,中国企业在迈向国际市场的过程中,更加依赖于政府的政策支持。由国有企业提供平台支持,私营企业进行项目实施,借助精选优秀项目来完成机遇匹配、界定市场参与条件、审查不同国家项目的潜在风险、预先警示政治危机风险,从而保障行业内多元主体的共同进步,持续为平台提供发展动力。针对扶植和发展战略性新兴产业的需求,政府部门应拟订相应的产业发展策略和规划,这不仅是一个关键步骤,同时也是一项需投入巨大精力的研究任务。在编制工业发展蓝图时,各级地方法人应当根据当地经济环境实际,确立当地主要产业的宏观增长目标,并梳理出产物的细分市场战略方针、产业推进的焦点领域、支持产业成长的政策手段等,实施这些任务将催生众多竞争情报方面的业务需求。策划战略蓝图仅仅是拟订战术和方针的一个环节,针对积极扶植战略性新兴行业的需求,制定合适的策略,亦属于标准的竞争情报研究,这需要掌握国际及国内的发展态势,对现行的相关政策有所认识,并进行广泛而深入的调查研究。在积极推进策略性新兴行业的发展中,不同层级的政府机构面临着众多关键的战略选择挑战,包括关键项目的投资抉择、核心技术的开发和资金支持、国际并购与合并、挑选海外合作伙伴与协商、进军国际新市场,以及大型订单竞标等问题。这些建设性战略的制定无一例外地依赖于竞争情报的辅助,这就催生了对高效竞争情报服务的迫切需求。因此,我们需要基于群体发展规模,强化企业间的相互合作并构建健全的市场竞争体系;打造融合企业、高校和政府力量的共同创新平台;借助此类创新协作的领导力,促进各相关机构之间的相互支持与优势互补,营造促进系统性创新的优秀集群文化;进一步提升陶瓷行业组织的作用,建立健全行业规范,扩充人才资源库,并积极探索市场,增强行业整体的市场竞争能力。

第三节 推进景德镇陶瓷产业发展的相关策略

一、培育文化创意产业集群

一方面,应致力于营建景德镇陶瓷文化创意产业集群,通过提升该地区陶瓷文化创意产业发展方面的集中效应、规模化效益和外延影响力,增强该地区的市场竞争能力。另一方面,应积极培养若干领先的核心企业,逐渐建立起以核心企业为核心、大中小型企业之间紧密合作的模式,这是形成产业群体和优势链的关键。大型企业可以通过技术创新、资本运作和提升品牌影响力来引领产业发展,而中小型企业则可以发挥其灵活性和专业性,在产业链中的某一环节或某一细分领域实现突破。这种合作模式有助于实现资源的优化配置和风险的共同分担,从而提升整个产业的竞争力。采取加强大中小型企业的合作、完善品牌与产业链建设以及融入现代物流体系等措施,有利于逐步培育出具有国际影响力的陶瓷文化创意产业集群,为产业的持续发展和竞争力的提升提供有力支撑。

二、完善文化创意产业相关政策

政府可以深入研究国内外大都市(如北京、上海、纽约、伦敦等)在文化创意产业方面的成功案例,分析其发展路径、政策支持、市场环境等因素;结合当地陶瓷文化特色和资源禀赋,制定陶瓷文化创意产业发展规划,明确发展目标、重点任务和保障措施;出台一系列优惠政策,如税收减免、资金扶持、人才引进等,降低企业运营成本,为陶瓷文化创意产业的发展吸引更多资本和人才;成立专门的陶瓷文化创意产业协会,汇聚行业内的企业、专家、学者等力量,共同推动产业发展。此外,政府应积极推动陶瓷文化创意产业领域融资体制改革,建立多元化的投入机制,吸引社会资本参与产业发展;探索建立陶瓷文化创意产业投资基金,通过市场化运作方式,为产业提供稳定的资金来源;鼓励金融机构创新金融产品,如陶瓷文化创意产业专项贷款、债券等,满足企业不同阶段的融资需求。

三、健全知识产权保护体系

景德镇陶瓷人才培育机构和文化创意企业具备得天独厚的优势,然而,当前景德镇陶瓷文化创意企业面临着人才结构不合理、管理与创新设计人员短缺的问题,这直接影响了企业在产品整合设计与生产以及市场销售方面的能力。陶瓷文化创意企业应积极吸纳管理与设计创新方面的人才,并充分发挥这方面人才的作用。这要求企业不仅要提供具有吸引力的薪资和福利待遇,还要设计合理的职业晋升通道,使人才能够在企业内得到充分发展。同时,企业可以与景德镇的陶瓷高校和研究所建立紧密的合作关系,共同开展人才培养和项目研发活动,实现资源共享和优势互补。在人才培育方面,景德镇的陶瓷高校和科研机构应继续加强与国际先进水平的对接,设立更多与国际接轨的陶瓷设计和管理专业或方向,通过引进国际先进的教学理念和方法,培养具有国际视野和创新精神的设计人才和管理人才。同时,陶瓷高校和科研机构还应加强与企业的合作,共同开展实践教学和科研项目,提高学生的实践能力和创新能力。

知识产权保护对于陶瓷文化创意产业的发展至关重要。景德镇应深入探讨并制定完善的陶瓷文化创意行业知识产权保护措施,构建知识产权信誉担保体系,并搭建知识产权交易服务平台。在环保陶瓷研发方面,景德镇虽然起步较晚但进展迅速。未来,景德镇应继续加强环保陶瓷技术的研发和应用,特别是在复合陶瓷技术和催化剂领域。同时,陶瓷高校和科研院所应加强与企业的合作,推动科研成果的转化和应用,为陶瓷文化创意产业的可持续发展提供有力支撑。景德镇陶瓷文化创意产业的发展需要政府、企业、高校和科研机构等多方的共同努力,通过优化人才结构、加强人才培养、保护知识产权以及推动环保陶瓷研发等措施,助力景德镇陶瓷文化创意产业实现更高质量的发展。

SWOT 分析模型有助于我们深入分析增强竞争力的途径,并基于分析成果提出建议。相关建议包括:首先,应鼓励企业增加研发资金,以推动有特色的产业获得市场竞争优势;其次,应促进产业、学术、研究的融合发展,培养具备研发和创新能力的专业人才;再次,应引导企业利用品牌影响力和地理标志来提升行业口碑;最后,应利用产业链分工,引导特色行业与其他领域产业互相促进,产生联动效果。

政府应充分运用其市场监管作用,在税收财务上更多地扶持陶瓷行业特色创新,增强该行业自主创新的驱动力及竞争力,进而促使高品质的产品成为产业发展的推动力。在轻工陶瓷这一市场领域中,相关产品面临着与不同材质(如玻璃、塑料、不锈钢等)产品之间的竞争,这要求产业打造出物美价廉的特色商品。在创新方面需要"双管齐下":一方面,鼓励特色产业强化研发力度,通过技术创新及产品多样化,引领新技术和新产品类型的发展,从而有效增强其产品在市场上的竞争力;另一方面,积极实施招商引资战略,实现地区特色资产与国际商业技术、物流体系的互补,从而有效提升轻工陶瓷行业整体生产效能,彰显行业独特的竞争优势。

政府应指导企业建立"品牌企业+知名地域标识"的产品形象,企业可以采用独树一帜的推广策略,邀请营销精英策划顶级推广文案,通过多种途径实现持续创新。"品牌企业+知名地域标识"战略有利于塑造产业声誉,提高特有产业在市场中的辨识度,增强受众认同和提高声望。独具地理标识的特产行业的市场拓展需借助企业品牌深化地域文化特征,打造差异化竞争力。这类行业应主动融入行业链的专业化分工,加强与其他行业的互动,通过分级提供行业链服务,促进整个行业链的革新与转型。

政府在推动高科技陶瓷产业发展方面起着关键作用。一方面,政府通过制定相关政策和措施,为高科技陶瓷产业提供资金、技术和人才等方面的支持,推动产业技术创新和成果转化。例如,政府可以设立专项资金,用于支持陶瓷企业的研发创新、技术改造和产业升级。此外,政府还可以推动产学研合作,鼓励企业与高校、科研机构等开展深度合作,共同推动高科技陶瓷产业的发展。在文化创意产业方面,高科技陶瓷产业也有着广阔的发展空间,可以通过将陶瓷艺术与科技相结合,创造出更多具有独特性和创新性的陶瓷产品。例如,利用3D打印技术可以制作出外形复杂、精细度高的陶瓷艺术品;利用智能化技术,可以实现陶瓷产品的个性化定制和智能控制。这些具有创新性的陶瓷产品不仅可以满足消费者的多元化需求,还可以提升陶瓷产业的附加值和竞争力。

人才队伍建设是高科技陶瓷产业发展的关键。为了培养更多具备专业技能和创新精神的人才,政府和企业需要加大人才培养和引进力度。一方面,可以通过设立陶瓷人才服务中心等机构,为陶瓷人才提供政策咨询、职业规划、技能培训等服务;另一方面,可以通过与高校、科研机构等合作,开展人才培养和引进计划,吸引更多优秀的人才投身于高科技陶瓷产业的建设中。高科技陶瓷产业具有广阔的发展前景和巨大的市场潜力,政府、企业和社会各界应共同努力,建设创意人才队伍,加强合作与创新,推动高科技陶瓷产业的持续健康发展。

政府在培育产业集群、推动区域经济发展方面扮演着至关重要的角色。以景德镇陶瓷产业集群为例,政府需要充分利用政策指引和扶持功能,发挥支援作用,推动产业集群的形成和发展,并利用产业集群的影响,打造区域竞争优势。通过优化产业链,政府可以帮助景德镇陶瓷产业实现上下游的紧密连接,提高产业的整体效率。政府可以为企业提供展示自身实力、扩大品牌影响力的平台。同时,政府还可以推动高质量的陶瓷企业上市,利用资本市场的力量来推动陶瓷企业的发展。塑造品牌是企业成长的关键步骤。政府可以通过政策扶持和宣传推广,帮助陶瓷企业提升品牌知名度和美誉度。

高科技陶瓷产业作为现代工业的重要组成部分,近年来呈现出蓬勃发展的态势。这一产业以其独特的性能优势,如耐高温、耐腐蚀、高强度等,在航空航天、电子信息、生物医学等领域得到了广泛应用。要想进一步提升高科技陶瓷产业的竞争力,做好品牌建设、国际合作与交流、营销策略以及竞争情报等方面的工作尤为重要。

在品牌建设方面,高科技陶瓷企业应注重塑造独特的品牌形象,提升品牌知名度和美誉度。高科技陶瓷企业应加大研发投入,提高产品质量和技术含量,不断推出具有创新性和竞争力的新产品,以满足市场需求。同时,高科技陶瓷企业应加强品牌宣传和推广,提高消费者对高科技陶瓷产品的认知度和信任度,从而增强品牌的市场影响力。

在国际合作与交流方面,高科技陶瓷企业应积极参与国际交流与合作,引进先进技术和管理经验,推动产业国际化发展。高科技陶瓷企业可以通过参加国际展览、论坛等活动,加强与国际同行的交流与合作,共同推动高科技陶瓷产业的进步。此外,高科技陶瓷企业应加强与国外高校、研究机构的合作,通过共同开展研发项目,促进技术成果的转化和应用。

在营销策略方面,高科技陶瓷企业应根据市场需求和产品特点,制定具有针对性的营销策略。高科技陶瓷企业可以通过市场调研,了解消费者需求和市场趋势,为产品开发和市场定位提供依据。同时,高科技陶瓷企业可以运用现代营销手段,如网络营销、社交媒体营销等,扩大产品覆盖面,提高市场占有率。此外,高科技陶瓷企业应加强与下游企业的合作,建立稳定的销售渠道和合作关系,以确保产品的顺畅销售。

在竞争情报方面,高科技陶瓷企业应密切关注行业动态和竞争对手情况,及时收集和分析相关信息,为企业的决策提供有力支持。高科技陶瓷企业可以通过收集竞争对手的产品、市场份额、营销策略等方面的信息,了解竞争对手的优势和不足,为企业制定竞争策略提供依据。同时,高科技陶瓷企业应积极关注行业政策法规、市场需求等方面的变化,及时调整企业战略,以适应市场变化和发展趋势。

为了有效地应对当前陶瓷行业的激烈竞争,我们必须重点关注品牌、人力资本、市场销售等方面。我们可以建立一个完善的市场运作机制,通过培训和技术支持来提升产品的质量和性能。此外,我们还可以利用现代的销售渠道和宣传手段来向更多的客户展示我们的产品。我们可以通过多种渠道和方法,如开设专门的商城、举办各类活动、进行技术测试和评估等,建立起一个具备竞争优势的企业形象。此外,我们可以通过多种渠道,如网络营销、电子商城等,为客户提供更多的选择,从而更快地建立起品牌形象,并且通过多种渠道的推广,赢得客户的青睐,从而获得更多的市场经济效益。我们可以通过充分运用中国陶瓷的特色,不断提升本土化的生产能力,同时积极开拓新的市场,提高本土化的市场份额。此外,中国拥有庞大的劳动力市场,因此,我们可以通过增加研发投入,推动本土化的生产,获得本土化的经济效益。中国陶瓷行业拥有广阔的国内市场,这也是陶瓷企业发展的关键因素。要想保持行业领先地位,中国陶瓷企业应努力增强其独特的品牌形象,并持续改进生产工艺,以更好地应对全球化的挑战。中国陶瓷企业应积极实施多元化策略,如提高产品的外观、功能、质量,塑造品牌,提升客户体验以及提供高质量的服务,来提升其国际市场竞争力,以赢取更大的市场份额。中国陶瓷企业可以通过采取积极的措施,如利用最新的科学技术、实施系统的技术创新、加强对生产工艺的研究和设备的更新、实施全过程的精细管理,来推动陶瓷工艺的持续发展。同时,中国陶瓷企业应加强对"中国特色——价廉物也美"标准的执行,实施精益生产、精细化管理,从而推动企业的发展,扩大企业的市场份额。

要想更加全面地推动陶瓷工艺的发展,政府应该采取一系列措施,促进各类企业的协调配置,提升其综合效率,组建起一批具备高效率、高品质的企业集团。此外,政府还应该加大对陶瓷工艺建设的投入,建立健全政策规范,制定市场监督机制,促使各类企业充分发挥自身优势,共同推动陶瓷工艺的高效发展。

为了更有效地应对全球市场的挑战,中国应该采取多种措施,具体包括大力推动本土陶瓷企业的技术创新,不断完善品牌管理体系,以确保产品的质量、可靠度、安全性,并且积极采取反倾销措施。

消费者对价格日益敏感,而"服务"的出现为陶瓷产业带来了大量发展机会。要想更好地满足消费者的需求,尤其是对于那些拥有较强生产能力的大型陶瓷企业来说,应该积极拓展自身的服务网络,从而获得更多的商机,提升国际竞争优势。我国陶瓷产业应采用差异化的发展策略,不断完善陶瓷产品相关技术体系,推动陶瓷产品的创新发展,从而增强陶瓷产品的国际竞争力。

随着技术的不断发展,现代陶瓷材料更具多样性和适用性,因此,坚持"有所为,有所不为"的发展理念对于推动陶瓷产业高质量发展具有重要意义。中国科学院拥有丰富的陶瓷技术资源,对陶瓷基片、微波介质陶瓷、PTC热敏陶瓷以及化学功能瓷器等领域有着丰富的研究。相关政府部门、机构应组织专业的研究与试验发展(R&D)小组,深入探索高科技陶瓷材料的市场潜力,并努力将其转化为可实现的实际产出。这样,我们就可以在实践中,持续提升高科技陶瓷材料的质量和使用价值。目前,陶瓷材料的开发和利用已经进入一个新的阶段,随着科学技术的飞速发展,我们坚信,未来的陶瓷材料将迎来前所未有的突破,将带来更高水平的创造,助力人类物质文化的繁荣发展。

为了更好地满足市场需求,我们应该积极探索和开发先进的建筑、工业和家居用途的陶瓷产品,大力支持陶瓷产业的可持续发展。我们还应该坚定不移地追求科学的制造方法,不断提升产品质量,实现环境友好。我们应发挥绿色创新的协同效应,提升绿色创新的水平,加大绿色创新的力度。创新发展要着力解决发展动力的问题,而绿色发展要解决人与自然的和谐问题。政府应加大对粤港澳大湾区陶瓷产业创新资金的奖励力度,鼓励陶瓷企业不断提高自主研发能力,掌握更多关键技术和先进技术。此外,政府应鼓励中小型陶瓷企业与大型陶瓷企业开展绿色创新合作,构建系统的创新合作平台,加强粤港澳大湾区陶瓷企业之间的交流与合作,实现技术信息资源共享。这一系列措施有利于推动粤港澳大湾区陶瓷产业绿色创新格局的形成,在一定程度上有利于粤港澳大湾区经济、社会和生态环境的协调发展。

完善经济体制顶层设计并推动经济高质量发展,是我国经济社会发展的核心任务,我国经济已由高速增长阶段转向高质量发展阶段,这一转型是经济发展的必然结果,也是我国社会进步的重要标志。受经济下行、中美贸易摩擦以及煤改气、环保政策收紧等因素的影响,陶瓷行业发展变得缓慢。针对陶瓷企业准入门槛低、高能耗、高污染、绿色创新转型升级缓慢等发展困境,政府应不断完善和优化经济体制顶层设计:提高经济增长的贡献率,增加技术创新的产出,加大对陶瓷科技研发的投入,不断提高陶瓷企业的自主研发能力,注重陶瓷企业关键技术的研发,利用先进的陶瓷技术开发出更高端的陶瓷产品,提高陶瓷产品的附加值;利用当地优秀的教育资源,依托当地高校的技术资源,促进陶瓷企业与当地高校、科研单位建立长期稳定的合作关系,从而促进产教融合、校企合作。

产业竞争情报在现代产业发展中的重要性不言而喻,它不仅能帮助企业及时了解市场动态,掌握竞争对手的策略,还能为企业制定有效的竞争策略提供支持。同时,区域特色和产业集群的相关研究,也为我们理解产业竞争力提供了新的视角。

在当今数字化浪潮的推动下,大数据产业成为引领新一轮产业变革的重要力量。随着数据资源的不断丰富和相关技术的日益成熟,大数据产业的竞争情报逐渐受到重视。在大数据产业中,数据挖掘是不可或缺的一环。数据挖掘技术主要利用算法和模型,从海量数据中提炼出有价值的信息,这些信息能够为企业的决策提供有力支持。陶瓷企业可以利用数据挖掘技术快速获取市场动态、竞争对手信息以及消费者行为等方面的关键数据,并以此为基础分析市场趋势,制定更加精准的营销策略。与此同时,智能制造作为大数据产业的重要应用领域之一,也在推动着陶瓷产业的快速发展。智能制造通过引入大数据、云计算、人工智能等先进技术,实现了生产过程的智能化、自动化和高效化。陶瓷企业可以利用智能制造技术实时监控生产线的运行状态,及时发现潜在问题,从而确保生产效率和产品质量的稳定提升。此外,实时决策也是大数据产业竞争情报的重要体现。在激烈的市场竞争中,企业需要迅速响应市场变化,灵活制定决策。实时决策系统能够实时收集和分析数据,为企业提供及时、准确的决策支持。通过实时决策,企业能够更好地把握市场机遇,应对挑战,从而在竞争中立于不败之地。在当前经济全球化的背景下,产业竞争情报的协同参与已经成为推动优势特色产业发展的重要驱动力。陶瓷企业可以通过协同参与的方式,整合各方面的资源与信息,保持敏锐的洞察力,从而在激烈的市场竞争中取得先机。优势特色产业作为我国经济的重要支柱,其发展和壮大不仅关乎地方经济,还是国家综合竞争力的重要体现。在这样的背景下,产业竞争情报的协同参与显得尤为重要。通过构建信息共享平台,企业可以更加精准地把握市场动态,了解竞争对手的策略,从而制定出更为有效的市场策略。技术引进与自主研发是优势特色产业发展的两大核心动力。通过引进国外先进的技术和设备,企业可以快速提升自身的技术水平,缩短与国际先进水平的差距。而自主研发是企业实现可持续发展的关键。通过加大研发投入,企业可以形成自己的技术壁垒,增强市场竞争力。政府采购机制在推动优势特色产业发展方面也发挥着重要作用。政府可以通过制定采购政策来引导和支持产业的发展,为企业提供稳定的市场需求。同时,政府采购还有助于企业增加市场份额、提高品牌影响力。

第九章 数字化时代下的竞争策略

第一节 数字化发展与竞争策略研究

数字化陶瓷文化创意产业正迎来前所未有的发展机遇,这得益于先进技术的应用和管理模式的创新。随着科技的飞速发展,数字化技术已经渗透陶瓷文化创意产业的各个环节,从设计、生产到销售,都展现出了强大的推动力。通过引入先进的数字化设计软件,设计师们可以更加灵活地创作出富有创意和个性化的陶瓷作品,满足了消费者日益多样化的需求。同时,数字化技术也在陶瓷生产过程中发挥着重要作用,提高了生产效率和产品质量。除了技术应用,管理模式的创新也是推动数字化陶瓷文化创意产业发展的重要因素。传统的陶瓷文化创意产业管理模式往往存在着信息不对称、效率低下等问题,而数字化技术的应用则有助于解决这些问题,实现信息的快速传递和资源的优化配置。通过建立数字化管理平台,陶瓷企业可以更加精准地把握市场动态和消费者需求,制定更加科学有效的经营策略。

随着消费者对文化创意产品的需求的不断提升,以及政府对文化创意产业的重视和支持,数字化陶瓷文化创意产业将迎来更加广阔的发展空间。我们需要将数字技术与陶瓷文化创意产业深度融合,利用大数据、云计算、人工智能等先进技术,推动陶瓷文化的创新与发展。同时,我们还应关注数字经济与传统陶瓷产业的结合。传统陶瓷产业拥有悠久的历史和深厚的文化底蕴,而数字技术则为其注入了新的发展活力。通过数字化手段,我们可以更好地保护和传承陶瓷文化,融合现代审美,打造出具有时代特色的陶瓷文化创意产品。此外,数字技术还可以优化陶瓷企业的管理方式。通过引入智能化、自动化的管理系统,陶瓷企业可以提高生产效率,降低成本,增强市场竞争力。景德镇市政府和陶瓷文化创意企业应紧紧抓住数字经济发展的新机遇,积极推动数字技术与陶瓷文化创意产业的融合发展。通过构建良好的数字化生态格局,我们可以为景德镇陶瓷文化创意产业的繁荣发展注入新的活力。

随着人们生活水平的提高,市场对陶瓷产品的需求呈现出多元化、个性化的发展趋势。市场对高品质、环保、智能化的陶瓷产品的需求不断增长,同时对产品的设计和文化内涵也提出了更高的要求。国内外市场上存在众多陶瓷生产企业。国外陶瓷品牌如乐家、东陶等拥有较高的品牌知名度和市场份额,国内陶瓷生产企业数量众多,产品质量参差不齐,近年来,国内陶瓷品牌如箭牌、恒洁等也在市场上取得了不俗的成绩。陶瓷产业的产业链较长,涵盖了原材料、生产、销售等环节。不同环节的市场竞争状况不同,陶瓷企业需要在整个产业链上找到自己的竞争优势,实现资源的最优配置。

（一）产品创新

拥有自主知识产权的高新技术产品是陶瓷企业创新能力的体现。陶瓷企业可以通过加大企业产品研发投入、改进生产工艺、提高产品质量,满足市场对高品质、个性化产品的需求。

（二）品牌建设

品牌是企业的核心竞争力之一。陶瓷企业可以通过提供优质的服务和打造独特的品牌文化,增强消费者的忠诚度和认同感。

（三）渠道拓展

陶瓷企业应积极开拓线上线下销售渠道,扩大市场份额。陶瓷企业可以利用电商平台、设立专卖店,以及拓展工程渠道等方式,打造多元化的销售模式,提高产品的覆盖率和市场占有率。

（四）成本控制

陶瓷企业应优化生产流程,降低生产成本。陶瓷企业可以通过合理采购原材料、提高生产效率、减少浪费等方式,实现成本的降低和利润的增加。

（五）合作共赢

陶瓷企业应积极寻求与产业链上下游企业的合作,实现资源共享和优势互补。陶瓷企业可以与供应商建立长期稳定的合作关系,降低采购成本;与销售商共同开发新产品,拓展市场份额;与同行企业进行技术交流和合作,共同推动行业的发展。

（六）国际化发展

陶瓷企业应关注国际市场需求,积极开拓海外市场。陶瓷企业可以通过参加国际展览、建立海外销售网络、开展跨国合作等方式,提升企业的国际知名度和竞争力。

（七）持续改进

陶瓷企业应关注内外部环境的变化,持续改进和优化竞争策略。陶瓷企业在追求长期发展的道路上,确实需要不断吸收国内外先进的管理理念和技术,以此来提升自身的核心竞争力和创新能力。这不仅是适应市场变化、满足消费者需求的必要手段,也是陶瓷企业保持竞争优势的关键所在。同时,陶瓷企业应加强企业文化建设,提高员工的工作积极性和凝聚力。

在激烈的市场竞争中,陶瓷企业需结合自身实际情况和发展需要,制定科学合理的竞争策略,通过产品创新、品牌建设、渠道拓展、成本控制、合作共赢、国际化发展和持续改进等方面的努力,不断提高核心竞争力和市场占有率,实现可持续发展。

第二节　陶瓷产业的竞争策略

一、陶瓷产业竞争策略研究

（一）市场多元化策略

市场多元化策略是许多陶瓷企业在发展过程中为了降低风险、增强竞争力而采取的一种策略。对于陶瓷企业来说,过度依赖单一市场可能会带来政治风险、经济风险等。因此,实施市场多元化策略是非常必要的。在实施市场多元化策略时,陶瓷企业可以重点考虑以下几个方面。

1. 开拓新市场

除了原有的市场,陶瓷企业还应该积极开拓新的市场,如欧美、非洲、中东等地区的市场。通过开拓新市场,陶瓷企业可以增加销售渠道,分散经营风险,提高盈利能力。

在开拓新市场时,陶瓷企业需要创新营销策略,包括了解当地市场需求、调整产品定位、制定合适的价格策略、加强品牌宣传等。通过创新营销策略,陶瓷企业可以更好地适应市场需求,提高市场占有率。

在开拓新市场时,陶瓷企业可以与当地的企业或经销商合作,共同开拓市场。通过合作,陶瓷企业可以获得更多的资源支持,提高竞争力。

2. 重视国内市场

国内市场也是一个非常有潜力的市场。陶瓷企业应该重视对国内市场的开发,走品牌发展之路,占据中高端市场。无论在哪个市场,产品质量都是非常重要的,只有高质量的产品才能赢得消费者的信任。因此,陶瓷企业应该不断提高产品质量,满足消费者的多样化需求。

(二) 技术创新与研发策略

技术创新与研发对于陶瓷企业的发展至关重要。随着科技的创新发展,陶瓷材料的环保性和功能性已经成为市场关注的焦点。为了应对这一趋势,陶瓷企业需要采取一系列措施来加强技术研发和合作,推动陶瓷材料的创新应用,提高产品的附加值和市场竞争力。

首先,陶瓷企业应该加强与科研机构的合作。通过与高校、科研院所等机构合作,陶瓷企业可以获得最新的科研成果和技术支持,加速产品的研发进程。同时,这种合作也有助于陶瓷企业培养和引进高素质的人才,提高企业自身的研发实力和创新能力。

其次,陶瓷企业需要加大对技术研发的投入。技术创新是企业发展的动力源泉,而技术研发需要大量的资金和人力的投入。陶瓷企业应该从战略高度出发,将技术研发作为一项长期的投资,不断优化研发团队和资源配置,确保研发工作的顺利进行。

再次,陶瓷企业需要推动陶瓷材料的创新应用。随着科技的不断发展,陶瓷材料的应用领域也在不断扩展。陶瓷企业应该紧跟市场需求,挖掘陶瓷材料的新用途和新功能,推动产品的升级换代。同时,陶瓷企业还应该关注陶瓷材料的环保性能,积极推广环保型陶瓷产品,满足消费者对环保、健康的需求。

最后,陶瓷企业需要提高产品的附加值和市场竞争力。通过技术创新和研发,陶瓷企业可以开发出更具特色的产品,提高产品的附加值和市场竞争力。

(三)品牌建设策略

陶瓷企业还应该注重品牌建设,加强与客户的沟通和互动,提高品牌知名度和美誉度。品牌建设对于陶瓷企业来说至关重要。品牌不仅是产品的标识,还是企业形象、企业品质承诺和企业文化价值的体现。一个强大的品牌能够吸引并留住消费者,提高产品的附加值,增强企业的市场竞争力。陶瓷企业应通过品牌传递企业文化和价值观,增强消费者对品牌的认同感和忠诚度,例如,可以通过举办文化交流活动、参与公益事业等方式展示企业的社会责任感和文化底蕴。

1. 创新设计

创新是品牌持续发展的动力。陶瓷企业应关注市场需求和流行趋势,不断推出具有创意和特色的产品。同时,陶瓷企业还应加强与设计师、艺术家的合作,提升产品的艺术价值和消费者的审美体验。

2. 建立健全客户服务体系

优质的客户服务是建立品牌口碑和提升消费者忠诚度的基石。建立健全客户服务体系,意味着从售前咨询、售中交易到售后维护的每一个环节,陶瓷企业都要做到专业、细致和高效,这不仅表现为陶瓷企业能够解答消费者的疑虑,提供购买建议,还体现在陶瓷企业能在产品出现问题时迅速响应,为消费者提供有效的解决方案。

3. 积极收集客户反馈

积极收集客户反馈是持续改进产品和服务质量的关键。通过发放调查问卷、进行客户回访等方式,陶瓷企业可以了解消费者对产品或服务的真实感受,发现产品或服务中的不足,从而有针对性地进行改进。这种以客户为中心的经营理念,有助于提升客户满意度,进而提升客户的品牌忠诚度。陶瓷企业应充分利用自身的产业链、公共平台和基础设施,发展具有竞争力的优势产品。无论是日用瓷、卫浴用瓷还是工艺瓷,都应注重产品的设计创新、品质提升和品牌建设。陶瓷企业可以通过提高产品的附加值,如增加文化内涵、提升设计美感、优化使用体验等,有效提升产品的市场竞争力,提高利润水平。因此,陶瓷企业应逐步向自主品牌、自主研发、自主生产的方向发展,通过提升产品设计和创新能力,塑造独特的品牌形象,提升品牌价值。

(四)升级与转型策略

随着消费者需求的日益多样化,以及科技的快速进步,传统产业需要不断地适应和创新,以满足市场的变化。陶瓷企业可以通过改进生产技术和设备,提高产品的生产效率和质量。同时,陶瓷企业也可以通过开发新的产品,满足消费者多元化、个性化的需求。针对消费者环保意识的提高,陶瓷企业可以开发环保材料和生产工艺,减轻对环境的污染。这不仅可以满足消费者需求,还可以提升陶瓷企业的社会形象。

此外,陶瓷企业可以结合智能化技术,将陶瓷产品融入智能生活场景,为消费者提供更为便利和高效的使用体验。相关智能家居如智能陶瓷热水器、智能陶瓷净水器等。

(五)国际化战略

实施国际化战略有助于陶瓷企业进行技术创新和产品升级,增强自身在国际市场上的竞争力。

(1)陶瓷企业可以通过引进国际先进技术,显著提升自身的生产效率和产品质量。

(2)陶瓷企业可以通过学习国际先进的管理经验,优化内部管理流程,提升自身的整体运营效率。

(3)陶瓷企业可以通过参加国际展览、赞助国际文化活动等方式,提升自身在国际市场上的知名度和影响力,同时,陶瓷企业还能够通过这一方式了解国际市场需求和趋势,明确自身未来的发展方向。

(4)陶瓷企业可以通过开拓海外市场,让产品走向世界。这不仅可以增加陶瓷企业的销售额,还有助于提高陶瓷企业的品牌价值和市场竞争力。

(5)陶瓷企业可以通过与国际知名品牌合作研发新产品,提升品牌影响力。这种合作不仅可以提高陶瓷企业的技术水平,还可以帮助陶瓷企业拓展销售渠道,增加市场份额。

（六）人才培养和引进策略

陶瓷企业应注重人才培养和引进，建立人才激励机制，为自身的发展提供强有力的人才保障。员工的技能和素质直接影响产品的质量和创新性。陶瓷企业可以通过培训，提高员工的技能水平，进而提升产品的整体质量。在竞争激烈的陶瓷市场中，拥有高素质人才的陶瓷企业更具竞争力。这些人才是推动企业创新、优化管理和拓展市场的关键力量。

一支稳定且高素质的人才队伍有助于陶瓷企业实现可持续发展。陶瓷企业应注重人才的长期培养和储备，提前布局，以应对市场的变化。随着科技的进步和市场的发展，陶瓷企业对于人才的需求将更加多元化。未来的陶瓷企业不仅需要技术精湛的工人，还需要懂得市场运营、品牌推广、产品设计等的人才。因此，陶瓷企业应注重人才的全面发展，培养出更多能够适应未来市场变化的优秀人才。

陶瓷企业应明确自身在各个时期和各个发展领域对于人才的需求，以便更有针对性地引进人才；应设计一个高效、公平的招聘流程，确保有才能的人都有机会进入企业；应建立人才数据库，对各类人才进行分类管理，以便快速找到适合的人才；应提供持续的培训和发展机会，使员工能够不断提升自己的技能、增长知识，资金有限的小型陶瓷企业可以考虑与高校或其他培训机构合作，以降低培训成本；应建立公正的绩效评估体系，通过奖励、晋升等方式激励员工更好地发挥自己的才能；应建立良好的企业文化，提高员工的归属感，避免人才流失。

此外，陶瓷企业还需要关注员工福利和权益保障，建立和谐的企业劳动关系。这包括保障员工在工资、工时、安全生产等方面合法权益，提供良好的工作环境和福利待遇，促进员工的职业发展和福利改善。关注员工福利和权益保障有助于陶瓷企业建立稳定、高效的工作团队，提高自身的竞争力和可持续发展能力。

（七）产业链整合与供应链管理策略

陶瓷企业应与上下游企业合作，形成完整的产业链条，从而降低成本、提高效率。同时，陶瓷企业可以拓展新的业务领域，实现多元化发展。

陶瓷企业应优化供应链管理，通过与供应商、物流商等合作伙伴建立紧密的合作关系，实现资源共享和优势互补，提高整个供应链的竞争力和盈利能力。

（八）营销策略

在竞争激烈的市场环境中，陶瓷企业需要注重营销策略的创新。

1. 利用社交媒体平台

陶瓷企业可以利用社交媒体平台，如在微博、微信、抖音等平台上建立官方账号，定期发布与品牌、产品相关的内容。这不仅能吸引目标客户，还可以通过与消费者互动提高消费者对品牌的忠诚度。

2. 与知名主播合作

在"全民直播"的时代浪潮下，陶瓷企业可以与知名主播等合作，进行产品的直播推广和销售。直播销售能够实时解答消费者的疑问，提供更为直观的产品展示。

3. 发挥线下销售的优势

陶瓷企业可以发挥线下销售的优势，组织线下活动或提供体验店，如设立陶瓷制作工坊开放日、组织陶瓷艺术展览等，让消费者近距离感受产品的独特之处。

4. 进行跨界合作

陶瓷企业还可以与其他行业的企业进行跨界合作，共同推广产品，例如，与餐饮、设计、艺术等领域的企业合作，开发定制产品或联名款产品。

5. 建立会员制度

陶瓷企业可以建立会员制度，通过为会员提供专属优惠和积分奖励，提升产品的复购率。

6. 进行故事化营销

陶瓷企业可以进行故事化营销，通过讲述品牌故事，强调陶瓷产品的文化内涵和手工艺价值，提升品牌形象。

7. 差异化定价

陶瓷企业可以根据市场需求和竞争状况，创新定价策略，利用差异化的定价策略满足不同消费者的需求。

（九）环保策略

随着可持续发展成为全球共识，陶瓷企业需要积极采取措施，关注环保，积极承担社会责任,以实现可持续发展。陶瓷企业应该在生产过程中采用环保材料,运用节能减排技术,降低对环境的污染,包括使用低能耗、低污染的原料和燃料,采用先进的生产技术和设备。同时,陶瓷企业应该建立健全环保管理制度,确保生产过程中的环保合规和安全生产。此外,陶瓷企业应该积极参与社会公益活动,提升自身的社会形象和影响力,包括支持教育、文化、体育等领域的公益事业,参与扶贫济困、救灾助学等方面的慈善活动,以及推动社区发展和环境保护等。通过积极参与社会公益活动,陶瓷企业可以提升自身的品牌形象和社会声誉,同时为社会做出积极贡献。

二、陶瓷产业竞争策略选择

随着科技的进步和消费者需求的多样化,陶瓷产业也在不断创新,进行转型升级。从传统的日用陶瓷到现代的高科技陶瓷,陶瓷产业的应用领域越来越广泛。在航空航天、电子信息、生物医疗等领域,高科技陶瓷发挥着不可替代的作用。同时,随着公众环保意识的提高,陶瓷产业也在积极探索绿色、环保的生产方式,以实现可持续发展。

在国际市场上,中国陶瓷产品凭借精湛的工艺、优良的品质和丰富的文化内涵,赢得了广泛的赞誉。越来越多的中国陶瓷产品走出国门,成为展示中华文化魅力的重要载体。国际话语权是指一个国家或地区在国际舞台上发声、表达观点和主张的能力。在全球化程度日益加深的今天,拥有国际话语权对于一个国家或地区的发展至关重要。陶瓷产业作为中国的传统优势产业之一,在国际市场上具有较高的知名度和影响力。通过加强与国际同行的交流与合作,提升产品质量和技术水平,中国陶瓷产业有望在国际舞台上发挥更大的作用,进一步提升中国的国际话语权。同时,我国材料测试机构作为推动陶瓷产业发展的重要力量,也应积极参与国际交流与合作,可以通过与国际先进的材料测试机构进行技术交流和合作,不断提升自身的技术水平和服务质量,为中国陶瓷产业赢得更多的国际话语权提供有力支持。

竞争情报意识不仅是对市场竞争的敏锐洞察,还是一种对未来发展趋势的准确预判。具备强烈的竞争情报意识,意味着企业或个人能够迅速捕捉市场变化,分析竞争对手的动向,制定出更加有效的战略和决策。要想培养这种意识,需要企业或个人不断地学习、实践。

信息环境是指我们身处的充满各种信息的世界。随着科技的飞速发展,信息环境的复杂性和多样性也在不断增加。无论是社交媒体上的言论,还是新闻报道中的内容,都是信息环境的一部分。在这个环境中,如何筛选、分析和利用信息,成为每个人都需要面对的问题。一个健康的信息环境,应该是真实、准确、全面的,能够为我们提供有价值的参考和依据。在现代社会,信息传递的速度和效率直接关系到信息价值的实现。无论是企业内部的沟通,还是国家间的合作,都需要依靠高效的信息传递来实现,而信息传递的准确性和可靠性,也是确保信息价值得以充分发挥的关键。因此,我们需要不断完善信息传递机制,提高信息传递的效率和质量,以应对日益复杂多变的信息环境。

政府在信息环境和竞争情报领域扮演着重要的角色。一方面,政府需要制定相关政策和法规,规范信息传递和竞争行为,维护市场的公平竞争和秩序。另一方面,政府还需要积极收集和分析竞争情报,为产业发展和决策提供有力支持。在发达国家,政府通常会设立专门的情报机构,负责收集、分析和发布相关信息。

陶瓷产业发展历史悠久,其产品广泛应用于建筑、装饰、工业等领域。随着经济的发展和消费者需求的不断升级,陶瓷产业面临着巨大的竞争压力。陶瓷产业要想在激烈的市场竞争中保持领先地位,制定有效的竞争策略是十分重要的。

技术进步是陶瓷产业发展的关键。随着新材料、新工艺的不断涌现,陶瓷产品的性能将得到进一步提升。例如,采用先进的制备技术,可以生产出更轻、更强、更耐高温的陶瓷材料;引入新型添加剂,可以改善陶瓷的加工性能。同时,数字化和智能化技术的应用也为陶瓷产业带来深刻变革。陶瓷产业可以通过引入先进的生产设备和管理系统,实现陶瓷生产的自动化、智能化,提高生产效率和产品质量。

环保要求对陶瓷产业的发展产生了重要影响。随着全球环保意识的不断提高,陶瓷生产过程的环保要求也将越来越严格。陶瓷企业需要采取有效的措施,如减少污染物的排放、降低能源消耗、采用清洁生产技术等,在符合相关环保法规要求的同时,满足市场需求。同时,利用废弃物作为陶瓷生产的原料发展循环经济,也是陶瓷产业未来发展的重要趋势。

市场变化影响着陶瓷产业的发展方向。随着生活水平的提高,消费者需求也在不断升级,消费者对陶瓷产品的品质、功能和设计要求越来越高,因此,陶瓷企业应努力提升产品的附加值。同时,针对不同区域、不同行业的需求特点,开发具有针对性的产品和服务,也是陶瓷企业获得竞争优势的关键。

跨学科、跨领域的合作是陶瓷产业发展的重要趋势。陶瓷产业的发展涉及材料科学、工程、设计、市场营销等多个领域,需要各领域的专业人才进行合作。陶瓷产业可以通过与高校、科研机构等的合作,推动技术创新,实现市场拓展。例如,陶瓷产业可以与电子信息产业合作,开发陶瓷电子元器件;与医疗行业合作,开发生物医用陶瓷材料;与建筑行业合作,开发具有节能、环保性能的建筑陶瓷产品等。

同时,我们还需要加强与相关技术企业的合作,共同推动Web信息抽取技术的发展。面对不断变化的产业环境,我们需要建立一套快速响应机制,以便在短时间内调整竞争情报服务策略。这需要我们加强市场调研,提升对市场的敏感度,同时还需要提高我们的决策效率。当前,陶瓷产业竞争情报的发展仍面临诸多挑战,这需要我们积极面对,加强技术研发与应用,建立快速响应机制以及公正、科学的评价体系,为陶瓷产业的健康、稳定发展提供有力支持。

第十章 陶瓷产业竞争策略研究

第一节 陶瓷产业竞争力

一、产业集群品牌竞争力

随着经济全球化和国际分工的不断推进,产业集群逐渐形成并发展起来,对于提升地区乃至国家的竞争力起到了积极的作用。产业集群竞争力的相关研究,能为集群内的企业提供发展思路、为地方政府制定政策提供参考。我国已经形成了安徽淮南煤炭产业集聚区、广东汕头玩具产业集聚区等特色产业集群。晋江的运动鞋、服装产业集群,南安的石材、水暖器材产业集群等一批产业集群也在福建泉州形成,在地方经济发展中,这些产业集群起到了举足轻重的作用。

从发展形式上看,中国的产业集群可以分为两类:一类是创新产品产业集群,其典型代表是高新技术产业集群;另一类的是传统产业集群,这类产业属于劳动密集型产业,产品层次和技术含量低,进出口贸易壁垒小,以中小型企业为主体,以亲缘和地域为纽带,生产企业的子群与贸易、服务企业的子群相关联。因此,集群式企业很难形成个体竞争优势,主要依靠传统优势,如产品优势、规模优势、技术优势、资金优势、资源优势等。集群式企业之间的地域关系等,是可以被充分利用的,有助于形成整体竞争优势。

二、陶瓷产业集群竞争力

陶瓷产业集群竞争力是近年来研究的热点,主要关注如何通过优化产业结构、提升创新能力、改善市场环境等方式来提高陶瓷产业集群的整体竞争力。这一领域的研究不仅有助于理解和解决陶瓷产业面临的具体问题,还为其他产业集群提供了有价值的参考。景德镇与佛山,这两座城市的制瓷历史源远流长。

景德镇的陶瓷产业在漫长的发展历程中,得到了官方的大力扶持与推动。这种支持不仅体现在对陶瓷产业的政策倾斜和资源投入上,还体现在对陶瓷文化的弘扬与传播上。正是有了这样的坚实后盾,景德镇的陶瓷产业得以不断发展壮大,成为景德镇经济与文化的重要支柱,也在中国乃至全球的陶瓷产业中占据了举足轻重的地位。为古代皇室提供陶瓷确实为景德镇陶瓷产业带来了制度层面的庇护与保障,使景德镇的陶瓷产业在一定程度上免受外界竞争的影响,然而,这也在无形中束缚了景德镇陶瓷产业的发展。由于长期服务于古代皇室,景德镇陶瓷产业主要追求精美与独特,往往忽视了对产品本身的内涵与价值的提升,也不太重视对成本的控制。这种倾向在自由竞争的市场经济中逐渐显现出弊端,使得景德镇陶瓷产业在激烈的市场竞争中逐渐失去了优势。

佛山陶瓷产业集群自形成之日起,就始终处于激烈的竞争环境中。佛山陶瓷企业努力适应环境的变化,不断向前发展,练就了自主经营的意识和本领,进行自由竞争,并能做到快速反应,朝着产业化的方向发展,因此,在改革开放的背景下,这些陶瓷企业发展得很快。佛山陶瓷产业在风雨的洗礼中迅速成长起来,珠三角地区面临的市场经济挑战更加直接。

景德镇陶瓷产业集群与佛山陶瓷产业集群之间的差异,主要缘于产业集群内部行为机制与外部组织环境的不同。在内部行为机制方面,笔者基于产业集群竞争力的已有研究,深入剖析了资源禀赋、竞争合作机制和创新机制等因素。而在外部组织环境方面,笔者着重考察了市场环境、制度环境以及生态环境等多个方面的影响。结合陶瓷产业的特点和集群竞争力的相关研究,笔者确定了相应的二级指标,构建了包含6个一级指标和17个二级指标的陶瓷产业集群竞争力评价指标体系。研究结果显示,与景德镇陶瓷产业集群相比,佛山陶瓷产业集群展现出了更强的竞争力,这主要得益于佛山在市场环境方面的优势以及企业间的高度竞争与合作。佛山陶瓷产业集群内企业间人脉关系紧密,市场规模庞大,陶瓷产业专业化程度高,这些因素共同促使其在陶瓷产业中处于领先地位。这也从侧面反映出,在产业组织结构尚未实现全面优化、创新尚未成为主要发展动力的情况下,中国陶瓷产业依然以旺盛的市场需求为主要驱动力。2009年,景德镇被国务院列为"资源枯竭型城市",其瓷土资源的枯竭和大量制瓷工人的流失给其陶瓷产业的发展带来了巨大的挑战,但是,在政府干预程度以及机构环境方面,景德镇陶瓷产业集群的得分远高于佛山陶瓷产业集群,这也反映出景德镇市政府在其中扮演了重要角色。然而,如何在瓷土资源枯竭和制瓷工人流失的背景下,实现景德镇陶瓷产业的可持续发展,仍是一个亟待解决的问题。景德镇陶瓷产业集群的发展在很大程度上受到政府政策的影响,市场机制的作用还没有完全发挥出来,而产业集群内在的力量也因为政府的过多干预而被一定程度地削弱。

景德镇陶瓷文化创意产业体现了传统陶瓷产业的转型升级,以及对景德镇城市文化与历史的深度挖掘,如景德镇三宝国际陶艺村、学院派陶瓷艺术家聚集区、景德镇莲社北路陶瓷艺术创意街等,都成为文创产业的重要载体。同时,景德镇陶瓷大世界、景德镇中国陶瓷城等也都为景德镇陶瓷文化创意产业的发展提供了强大的支持。然而,景德镇的陶瓷文化创意产业尽管近年来成绩斐然,但与国内外发达地区的陶瓷文化创意产业相比,仍有差距,这主要表现在工业规模、效益、技术和装备以及管理水平等方面。此外,景德镇陶瓷文化创意产业的产品竞争力和文化创意服务竞争力有待提升。景德镇陶瓷文化创意产业面临的发展挑战包括:其一,景德镇陶瓷文化创意企业规模不大,缺乏品牌影响力。目前,景德镇陶瓷文化创意企业的主体形态是规模小、经营分散、技术有限,距离产业化还有一定差距的作坊,以手工作坊为主。很多陶瓷企业滥用"景德镇"这一地域标识,这不仅损害了景德镇陶瓷企业的形象,也对整个陶瓷行业的健康发展产生了负面影响。其二,政策环境仍有待完善。虽然相关政府部门出台了一系列政策,制定了地方性法规,但在具体的实施过程中,仍存在一些问题。例如,财税方面的优惠措施并没有完全覆盖景德镇所有的陶瓷文化创意企业,相关实施细则也需要更加明确和有力。

提升景德镇陶瓷文化创意产业竞争力的措施包括:鼓励景德镇陶瓷文化创意企业通过并购、合作等方式实现资源整合,提高技术水平,增强市场竞争力;加强品牌建设,提升"景德镇"这一地域标识的含金量;优化政策环境,政府要进一步完善面向景德镇陶瓷文化创意企业的财税政策,加大对景德镇陶瓷文化创意企业的扶持力度;健全知识产权保护机制,确保创意成果不受侵害;在人才培养和引进上下更大功夫,更多的本土人才是通过景德镇陶瓷文化创意企业与高校、研究机构的合作培养出来的,同时,应吸引国内外优秀陶瓷文化创意人才来景德镇务工、创业;促进产业集群发展,加强上下游企业在产业链上的合作与交流,形成良好的产业生态圈;鼓励景德镇陶瓷文化创意企业积极参与国内外文化创意产业交流活动,增强景德镇陶瓷文化创意产业在国际上的影响力;强化创新意识,利用创新驱动发展,鼓励景德镇陶瓷文化创意企业加大对文化创意产品和具有自主知识产权的服务的研发投入;促进产学研融合发展,提升全行业创新能力。

我国开始形成以提高陶瓷产业竞争力为目的,实现产业的区域性聚集的区域性产业组织。陶瓷产业集群是指结合陶瓷产业的内在特征,通过不同产业链的交叉,促使区域内相近的企业之间形成合作或竞争关系,构建专业化经营体系。这些产业集群的主要特点是产业集中、地缘相近。目前,广东佛山、江西景德镇、湖南醴陵、福建德化等地分布着在陶瓷行业中具有较大影响力的产业集群。

将创业板模式引入陶瓷行业,可以更好地评估陶瓷产业集群竞争力。创业板模式主要采用蒂姆·帕德莫(Tim Padmore)和亨利·吉布森(Henrev Gibson)的GEM模型来评估产业集群的竞争力,并评估其优劣势,提出相应的改进措施,以达到提升产业集群竞争力的目的。创业板模型包含三种因素:基础因素、企业因素和市场因素。基础因素,包括物质本钱、人力本钱,以及投入基础建设中的本钱;企业因素,主要指企业的整体业务结构,涉及供应商、竞争等方面;市场因素是整个产业集群的需求要素,由"本地市场"和"外部市场"两个因素构成。

根据潮州陶瓷产业集群竞争力的相关研究,我们可以发现,尽管潮州陶瓷产业规模大、产业链完整,但潮州陶瓷产业集群出口增长缓慢、企业品牌建设滞后、自主创新能力弱,其产业集群竞争力增强战略包括:充分利用比较优势,通过转变出口增长方式、开拓国内外多元化市场等措施,促进产业结构优化升级;加强品牌建设,培育知名企业;增加产品科技含量。

广东陶瓷产业规模大、影响大,在全国乃至全球陶瓷产业中具有举足轻重的地位。以佛山、潮州等为代表的地区的产业集群分布呈现出明显扎堆趋势。随着时间的推移,其他地区的陶瓷产业也呈现出快速发展的趋势,这无疑得益于这些核心地区的引领和辐射作用。然而,尽管广东陶瓷产业有着显著的发展优势和较高的发展地位,但其发展仍然面临着一些挑战和问题。特别是在当前全球化、市场化的大背景下,如何进一步提升广东陶瓷产业集群的竞争力,成为亟待破解的难题。

郑銮娟(2014)基于潮州陶瓷产业集群的发展难题,提出了竞争力评价体系,旨在利用该评价体系深入分析潮州陶瓷产业集群竞争力,提供增强竞争力的策略与建议。该评价体系包含对潮州陶瓷产业集群发展现状、存在的问题以及未来发展方向的全面评估。该评价体系的考核指标包括产业规模、技术创新、市场竞争力、产业链完整度、资源环境等多个方面。在对这些指标进行全面考核后,我们可以全面了解潮州陶瓷产业集群的发展现状和存在的问题。所有指标的判断都将采用分层分析法,通过比较各指标之间的相对重要程度,更科学地确定各指标的权重。通过这种方法,我们可以较为准确地计算出潮州陶瓷产业集群竞争力的总体得分,从而更好地了解其竞争力的实际情况。在得到各个指标的权重后,我们可以进一步分析潮州陶瓷产业集群在不同指标上的表现,通过对比分析可以发现,潮州陶瓷产业集群在技术创新和市场竞争力等方面存在明显的不足。这也意味着,要想提升竞争力,潮州陶瓷产业集群需要对这些方面进行重点突破和改进,具体包括:加强技术创新和研发,提升品牌价值和市场影响力,优化产业结构和完善产业链,加强人才培养和引进等。

潮州在发展陶瓷产业时,不仅依托于自身深厚的文化底蕴和传统技艺,还不断挖掘和发挥自身的比较优势,维持着较强的产业竞争力。潮州陶瓷产业的比较优势包括:①具有显著的物流优势。这里地处沿海,交通便利,有利于进出口陶瓷产品。同时,潮州地区物流网络和仓储设施完善,物流费用较低。②具有明显的效率优势。潮州陶瓷企业通过引进先进的生产工艺和设备,使自身在生产中获得更大的效益,同时,在产业集群效应的带动下,陶瓷企业间的协同合作大大提高了全行业的经营效益。③产业链完善。潮州陶瓷产业链涵盖原料供应、产品研发、生产制造、销售服务等环节。这种完整的产业链不仅降低了陶瓷企业的生产成本,还使得陶瓷企业在面对市场变化时能够迅速做出反应,抓住市场机遇。④产学研结合。多家陶瓷企业与当地高校、研究机构等建立了紧密的合作关系,通过技术交流、人才培养等方式推动行业技术创新与转型升级。

尽管潮州陶瓷产业拥有较多的比较优势,但仍存在一些需要提升的地方,潮州陶瓷企业应努力提升产品附加值、加大品牌宣传力度、注重全产业链人才的培养。在提升潮州陶瓷产业竞争力方面,政府也应积极发挥作用,以科技引领产业发展,建立现代企业制度和用人机制,规范陶瓷行业行为,为陶瓷产业的发展赢取时间和空间。

德化陶瓷产业作为传统工业,比较优势显著,在出口创汇、解决就业、促进区域经济增长等方面发挥了重要作用,当地人民生活水平也得到了提高。德化陶瓷产业集群规模日益扩大,市场竞争加剧,德化陶瓷产业步入了转型升级的攻坚阶段。因此,对德化陶瓷产业集群竞争力的科学分析,对于制定产业集群发展的有效政策,提升产业集群规模效应、集聚效应,推动产业转型升级,都具有十分重要的现实意义。

在对德化陶瓷产业集群竞争力进行评估时,可以运用GEM模型,以区域产集群为研究对象。GEM模型中的三要素分别指基础要素、企业要素和市场要素,但模型中每一要素又是由一对特定的因素构成的,因此三要素又被称为"三因素对"。其中,基础要素称为"因素对Ⅰ",是整个创新系统的供应要素(生产过程的投入要素),由资源因素和设施因素构成;企业要素称为"因素对Ⅱ",是整个系统的结构要素,决定了产业集群生产效率,由供应商与相关企业因素以及厂商结构与战略因素构成;市场要素称为"因素对Ⅲ",是整个产业集群的需求要素,由本地市场因素和外部市场因素构成。具体来看,包括异地市场、企业架构、战略与竞争、设施等要素在内的德化陶瓷产业集群竞争优势显著。在企业架构、战略与竞争要素方面,许多陶瓷企业通过加强研发和创新,提高了产品的质量和附加值,增强了竞争优势;在设施要素方面,德化拥有完善的陶瓷生产设施和配套服务,为陶瓷企业的生产和经营提供了有力的支持。但德化陶瓷产业集群在资源、供货商及相关配套产业、本地市场等要素方面存在一定短板。在资源要素方面,尽管德化有着丰富的陶瓷原料资源,但随着生产规模的扩大,资源供给压力逐渐增大;在供应商及相关配套产业要素方面,德化的供应商及相关配套产业发展相对滞后,难以满足企业快速发展的需求;在本地市场要素方面,德化陶瓷产品虽然在国内市场上占据一定份额,但在本地市场的开发上还有很大的提升空间。

针对上述评价结果,我们对提升德化陶瓷产业集群竞争力提出了以下几条路径。①调整陶瓷产业结构:陶瓷企业应加大技术研发和创新投入,以提升产品质量和附加值,同时,将已存在的产业链向上下游延伸,形成产业链的完整性。②调整陶瓷行业发展格局:在行业内积极推广清洁生产技术和循环经济模式,从传统发展模式向绿色、环保、可持续发展模式转变,降低能源消耗和排放。③建设人才引进机制:陶瓷企业应加强与高校、科研单位的协作,以引进高素质人才;建立健全人才培养激励机制,以提高产业人才的业务素质和创新能力。④优化市场结构:陶瓷企业应加大品牌建设和营销宣传力度,提高产品的知名度和美誉度;同时,在市场上开拓新的领域,提升市场占有率。⑤健全政策扶持制度:政府应制定更加优惠的税收、财政扶持政策,以减轻陶瓷企业的负担;同时,加大对激发陶瓷企业创新活力的知识产权保护和科技创新的扶持力度。

对汝州陶瓷行业而言,解决产业发展不平衡、产业升级缓慢等问题,以创新驱动发展是行之有效的办法。汝州陶瓷产业可以构建分期发展战略、人才储备战略、文化创意产业建设战略、文化创意社区经营模式创新战略。

分期发展战略的具体内容包括:①初级阶段,针对汝瓷的大部分小微型陶瓷企业,在外观上强调差异化,突出市场价值,在设计团队的建立上投入资源,重视对用户的设计分析。②中级阶段,针对中型陶瓷企业,设计团队相对成熟,在推进产品开发的过程中,应加大对用户需求与设计要素转化阶段的资源投入,确保能够精准捕捉用户的潜在需求,将其有效转化为设计要素,从而为产品注入更多活力,提升产品的价值。在完成了这一阶段的深化探索后,陶瓷企业可以将部分资源逐渐转移到商业模式的创新上。③设计执行阶段,对于头部的陶瓷企业而言,持续优化设计团队显得尤为重要。陶瓷企业应积极探索并采用新颖的方法,深入进行新产品的需求分析和设计要素的转换工作。这涉及在设计输入、设计分析以及设计输出这三个关键环节上的精细化处理,确保每一个环节都能达到最优状态。同时,在设计执行阶段,陶瓷企业应加大资源投入,专注于市场的新产品开发,力求在商业模式和产品服务体系上实现创新。此外,塑造独特的品牌文化,构建完善的用户体验生态,也是这一阶段陶瓷企业的工作重点,旨在赢得更多市场份额和竞争优势。

人才储备战略具体包括:①在学校层面,应将教学的重心放在理论与实践相结合上,在夯实学生的知识基础的同时,积极扶持陶艺基础教育进入校园,使更多人有机会接触陶艺并了解陶艺的魅力,激发他们的创作热情,进而推动广大陶艺爱好者投身于陶艺行业的建设。②在社会层面,应积极引进外部人才,诚邀社会各界人士共同参与设计创新,旨在让更多人走近陶瓷艺术,尝试设计创作,降低行业进入门槛,为陶瓷行业注入新的活力;同时,应不受限制地定期举办以汝瓷为主题的跨界设计活动,鼓励参与者们跨越界限,共同创作出更多富有创意和个性的陶瓷作品。

文化创意产业建设战略具体包括:①以设计助力文化创意发展。这需要结合本土文化,从用户体验出发,通过收集和分析用户需求来获得设计灵感;可以借鉴博物馆文化创意产品开发和销售模式,打造特色文化创意产品,通过口碑和线上传播,打通汝瓷传统市场线上销售途径,对汝瓷线下渠道销售形成利好,同时,博物馆文化创意产品的开发和销售模式也将对汝瓷传统市场的发展形成一定的促进作用。②整合数字资源。可以以汝瓷小镇的文化资源、公交资源、窑址资源为基础,倾力打造汝瓷体验游,吸引新媒体资源的加入,通过多渠道、多平台的联动推进,有效聚合相关资源,为汝州陶瓷文化创意产业的蓬勃发展提供强大的推动力,如利用产学研一体化拓展市场、扩大消费群体,通过搭建线上服务平台,促进资源共享与区域合作。③打造创意社区。设计是推动文化创意发展的重要动力,可以通过有效聚合数字资源,打造繁荣的创意社区。这一文化创意社区不仅自身蓬勃发展,还能反过来滋养和推动文化创意产业的进一步发展。数字资源的聚合使得各类文化创意资源能够协同发力,促进了文化创意社区和文化创意产业的共同成长。

文化创意社区经营模式的创新战略包括:①文化创意社区之间应该积极寻求渠道拓展的合作机会。汝瓷线下直接渠道获客成本较高,因此,文化创意社区可以通过汝瓷文化创新服务平台将获客范围进一步扩大。在此过程中,文化创意社区可以尝试整合不同类型的销售渠道,包括间接渠道,如分销、与品牌合作的网络商城、专卖平台等。此外,文化创意社区还可以探索加入其他相关销售渠道(如茶业、书画业等)的可能性,从而通过多种销售渠道拓展汝瓷企业的盈利模式。在选择不同的销售渠道时,文化创意社区应注重品牌文化、汝瓷文化、本土文化与设计战略定位的紧密结合,通过特色产品的附加产品和附加价值,延续产品原有特色,形成独特的品牌风格,实现从提供产品到提供服务的转变,进一步增加收益。②文化创意社区可以探索跨定义体系的多元盈利模式,与其他产业进行合作。例如,可以延续品牌风格,尝试加入新材料以拓宽汝瓷的使用场景,为客户提供从制作产品到提供服务的全新体验;可以从艺术陶瓷到实用艺术陶瓷,再到特色艺术陶瓷,逐步树立起特色汝瓷的品牌文化,为消费者带来更加丰富的选择和体验。

特色产业集群在推动产业结构升级、实现三大产业融合发展、提升地方经济水平等方面发挥着重要的作用,产业聚集度高,展现出强劲的发展潜力,拥有卓越的创新能力,一般配备了完善的公共服务体系,发展环境优越,并且具备强大的带动能力。我国特色产业集群的发展由于起步较晚,面临着一系列挑战,如市场反应迟缓、研发能力下降、技术水平相对落后、产品结构过于单一、缺乏有力的政策保障以及竞争优势不明显等。特色产业集聚区应依托相关产业聚集区,打造知名度高、具备独特优势的产业集群。这些产业集群应具备一定的产业规模,能够吸引企业聚集,并配备有完善的公共服务平台,以推动自身的持续发展和壮大。同时,政府应加大对特色产业集群的扶持力度,制定针对性政策措施,优化发展环境,提高服务水平,为特色产业集群的发展提供有力保障。总之,培育特色产业集群是推动经济发展的重要途径,应加强政策引导和支持,激发市场主体活力,促进特色产业集群的健康发展。

三、景德镇陶瓷产业集群竞争力

景德镇陶瓷历史悠久,源远流长。自古以来,景德镇的陶工们便以精湛的技艺,创造出无数精美绝伦的陶瓷艺术品。在制瓷工艺中,从选料、淘洗、拉坯、成型、绘制到烧制,每一个环节都凝结了陶工们的智慧和汗水。他们凭借着丰富的经验和精湛的技艺,将一块块普通的泥土,塑造成千姿百态、美轮美奂的陶瓷艺术品。

景德镇的陶瓷文化博大精深。这里不仅有众多的陶瓷博物馆和展览馆,展示着从古至今的陶瓷精品,还有中国景德镇国际陶瓷博览会,吸引着来自世界各地的陶瓷爱好者和收藏家。如今,景德镇的陶瓷产业已经形成了完善的产业链和品牌体系。众多知名品牌如雨后春笋般涌现,他们的产品不仅在国内市场上占有一席之地,还远销海外,深受全球消费者的喜爱。景德镇的陶瓷产业已经成为世界陶瓷产业的重要一环,为世界陶瓷文化的发展做出了巨大贡献。景德镇陶瓷产业以其深厚的历史积淀、精湛的制瓷工艺、丰富的陶瓷文化和强大的品牌影响力,在全球范围内产生了广泛而深远的影响。景德镇陶瓷在全世界范围内都具有极高的知名度,这意味着,传统的品牌优势依然保留在"景德镇"这个集群品牌上。

虽然景德镇陶瓷产业有着悠久的生产历史,其工艺代代传承,但是随着时代的发展和科技的进步,其产品缺乏创新和设计感的问题愈发突出。景德镇陶瓷产业在产品创新和设计方面与国际竞争对手之间存在一定的差距。景德镇陶瓷产业发展面临的问题具体包括:①品牌形象不够时尚。现代消费者追求时尚和新潮,景德镇陶瓷产业的品牌形象创新不足,过于传统,给人留下了陈旧和过时的印象,难以满足市场需求。②市场营销手段与时代接轨不够。在市场营销方面,一些景德镇陶瓷企业缺乏有效的推广手段和策略,仍然采用传统的销售模式,如参加展览会、举办文化活动等。景德镇陶瓷产业需要创新营销手段,提升品牌知名度和美誉度,这些传统的营销手段已经不能更好地适应现代市场的需求。③产业链较为完整但高端环节活力不足。景德镇陶瓷产业的产业链已经较为完整,但在研发、设计、营销等环节缺乏活力。这导致景德镇陶瓷产业在产业链中的地位较低,缺乏话语权和主导权。④人才流失情况仍较为严峻。由于景德镇地区的经济实力不强,陶瓷行业的就业机会有限,许多优秀的人才流向了发达地区或者其他行业,这给景德镇陶瓷产业的发展带来了极大的困扰。⑤政府政策支持不够全面。在科技创新、产品设计、人才培训等方面,政府应加大投入力度,以全面支持景德镇陶瓷产业的发展。

针对以上问题,笔者提出以下几点建议:①加强科技创新和产品设计能力。景德镇陶瓷产业可以通过引进先进技术和设备、加强研发团队建设、与高校和研究机构合作等方式,提高产品的科技含量和设计水平;景德镇陶瓷产业应加大研发投入,不断更新产品,推广产品。②更新品牌形象。景德镇陶瓷产业可以引入现代设计理念和元素,对传统品牌形象进行改造和升级,使之更符合现代审美,更能满足市场的需要。③加强品牌的传播和推广。景德镇陶瓷产业可以在营销手法上进行创新,以提高品牌的知名度和美誉度,具体包括:利用互联网和电子商务平台等新兴渠道,开展网络营销活动;通过举办展会、推介会等多种形式,拓展销售渠道,加大促销力度;加强与国内外知名企业和渠道商的合作,共同开拓市场,完善产业链。

在巩固传统优势环节的基础上,景德镇陶瓷产业应积极向研发、设计、营销等环节拓展延伸,提升整个产业的附加值和竞争力。同时,景德镇陶瓷产业应加强与产业链上下游企业的合作与交流。此外,景德镇陶瓷产业应加强对优秀人才的培养和引进。

四、建筑卫生陶瓷产业竞争力

建筑卫生陶瓷在中国陶瓷界具有举足轻重的地位,是传统陶瓷的重要组成部分。近年来,我国建筑卫生陶瓷产业不断扩大国内外市场、改进技术,得到了快速发展,其陶瓷产量和出口量均居世界前列。但在技术创新和产品设计方面,我国与世界上的建筑卫生陶瓷强国相比,还有着较大的差距。

专利信息作为竞争情报的关键资源,不仅详细展示了某项专利技术的具体内容及其法律状态,还深刻反映了企业的战略意图和竞争策略。通过专利信息,我们可以洞察企业为争夺专利权所推出的产品或技术,及其为打败竞争对手所采取的战略行动。因此,对建筑卫生陶瓷产业的专利信息进行深入分析,有助于建筑卫生陶瓷企业了解竞争对手的专利现状,制定相应的发展战略,从而在激烈的市场竞争中占据优势。

要想提升我国建筑卫生陶瓷企业的竞争力,应从以下几个方面着手。①加大技术研发投入:建筑卫生陶瓷企业应加大技术研发投入,增强自主创新能力,积极研发核心技术，努力拥有自主知识产权。同时，建筑卫生陶瓷企业应加强与高校、科研院所等的合作，协同推进技术创新。②升级产品设计：建筑卫生陶瓷企业应努力满足消费者对个性化、时尚化产品的需求，在产品设计上要注重创新；应加强与国际著名设计机构的合作，引进先进的设计理念和设计方法，增强产品在国际市场上的竞争力。③加大知识产权保护力度：建筑卫生陶瓷企业要强化知识产权保护意识，健全知识产权管理体系，积极申报国内、国际专利，同时，注意竞争者专利动态，防范侵权风险。④拓展国际市场：建筑卫生陶瓷企业应积极开拓国际市场，提升品牌影响力；应通过多种方式扩大市场份额，包括参加国际展会、建立海外销售渠道等；应积极关注国际贸易政策变化，灵活调整出口策略。⑤优化产业结构：政府应引导建筑卫生陶瓷产业进行结构调整，鼓励建筑卫生陶瓷企业兼并重组，培育一批具有国际竞争力的龙头企业；同时，以提高全行业竞争力、发展高附加值产品为目标，推动产业升级转型。

中国建筑卫生陶瓷市场近年来一直存在的问题是供大于求，企业倒闭现象增多，市场竞争日趋激烈。笔者利用波特五力分析模型对建筑卫生陶瓷的市场竞争态势进行分析，发现行业内竞争对手数量众多，价格战激烈，潜在进入者威胁和替代品的出现也给市场带来了冲击。笔者利用SWOT分析模型对建筑卫生陶瓷生产企业的优势、劣势、机遇和威胁进行了分析，分析结果表明，厂商在成本、生产规模和技术水平方面具有一定的优势，但在品牌知名度、自主创新能力和市场开拓能力方面存在劣势。

针对以上分析结果，笔者提出了以下竞争策略建议。①加大技术研发和创新力度：强化自主创新能力，推动产品更新换代，通过引进先进技术装备提升竞争能力。②加强品牌建设：通过广告宣传、参加展会等方式提高品牌的知名度。③加强市场营销和销售渠道建设：提高产品覆盖率和市场份额。④拓展国际市场，实行多元化经营：积极开拓海外市场，通过出口和海外投资等方式提高市场份额和盈利能力，降低经营风险。⑤加强产业链整合和协同创新：与上下游企业合作，实现资源共享和优势互补；加强与高校和科研机构的合作，推动产学研一体化发展。⑥灵活应对市场变化和国家政策调整：及时调整生产和销售策略以适应市场需求变化；加强与政府相关部门的沟通合作，积极争取政策支持和资金扶持，可以通过加大对技术研发和创新的投入、加强品牌建设和市场营销、拓展国际市场和实行多元化经营、加强产业链整合和协同创新，以及灵活应对市场变化和国家政策调整等措施，提升自身的竞争力，取得更好的市场地位。

第二节　陶瓷企业竞争战略研究

作为中国传统优势行业,陶瓷行业的发展战略研究历来备受学术界、业界关注。竞争战略是陶瓷企业应对市场竞争所采取的战略,是陶瓷企业提升自身地位和优势的重要工具。

在信息化时代,陶瓷企业需要面对智能化所带来的新问题。笔者以Web信息抽取技术为基础,探索陶瓷企业竞争情报系统的结构体系。在构建完善的竞争情报处理流程中,笔者特别引入了Web情报抽取子系统,作为陶瓷企业竞争情报系统智能化的重要基石。这一子系统的加入,将有效提升情报收集的效率和准确性,为陶瓷企业提升市场竞争力提供有力支持。Web信息抽取技术是指将结构化信息从Web页面中抽取出来的技术。这些结构化信息是可以被计算机理解和处理的数据,可以是文本、图片、视频等形式。自然语言处理、机器学习、模式识别等技术可以实现Web信息抽取,陶瓷企业可以利用这些技术,从Web页面中抽取出所需的信息,并对其进行分类、归纳、整合等。

陶瓷企业竞争情报系统基于Web信息抽取的实现主要包括以下几个步骤。①资料收集:通过"爬虫"(Python)等技术,在互联网上收集陶瓷企业相关数据,这些数据可以是新闻报道、行业动态、竞争对手信息等。②材料清理:对收集到的材料进行清理,清除不相关的、不正确的材料。③信息抽取:采用自然语言处理等技术,从处理过的数据中抽取结构化的信息。④分析信息:对抽取的结构化信息进行分析,了解市场动态和竞争对手情况等信息。⑤输出分析结果:通过可视化等方式输出分析结果,方便用户查看和使用。

基于Web信息抽取技术开发的陶瓷企业竞争情报系统,能够帮助陶瓷企业将有价值的数据从海量的网络信息中抽取出来,为陶瓷企业的发展提供了强有力的支持,更好地满足了陶瓷企业对智能化的需求。同时,随着技术的不断进步和市场的不断变化,这种以Web信息抽取技术为基础的竞争情报系统还有很大的提升空间,其未来发展前景广阔。

此外,在陶瓷企业竞争战略的选择上,也有以波特竞争态势矩阵Matrix为蓝本的办法。该方法首先构建了决策分析框架,然后对"低成本""差异化""市场目标全面化"和"市场目标细分化"四个维度的评价指标进行了筛选,并构建了相应的评价指标体系,通过专家的语言评价信息和二元语义表示模型处理方法,计算出评价指标权重和陶瓷企业的综合评价结果,最后依据雷达图进行陶瓷企业竞争战略的选择。这种方法概念清晰、计算简单且易操作。

　　竞争情报对陶瓷企业的发展具有十分重要的意义,是陶瓷企业制定竞争策略、参与市场竞争的专门资料。陶瓷行业既是一个与尖端技术紧密相连、知识技术含量较高的高新技术产业,又保留着传统资源消耗型、劳动密集型的产业特征。这种双重性质赋予了陶瓷行业巨大的发展潜力,但同时也加剧了陶瓷企业市场竞争的激烈程度。随着中国加入世界贸易组织(WTO),陶瓷产业在面临更激烈的国际竞争的同时,也获得了走向世界的宝贵机遇。在这样的背景下,竞争情报的收集与管理成为陶瓷企业制定竞争策略、应对市场挑战的关键所在。随着信息化和知识经济时代的到来,竞争情报信息呈现出爆炸式增长,陶瓷企业要想在竞争中占据有利地位,需要依赖专业的竞争情报机构进行竞争情报的收集、整理和分析。这些机构帮助陶瓷企业通过提高市场反应速度和降低决策风险,赢得市场竞争的主动权。尽管我国部分地区设立了省级陶瓷情报机构,但这些情报机构的工作方式较为传统,难以满足现代陶瓷企业对竞争情报的需求。情报的保守性和离散性不利于情报的存储、更新和充分利用。要想解决这一问题,陶瓷企业应该建立自己的竞争情报机构,根据企业规模和业务需求确定情报机构的竞争规模和形式。规模较小的陶瓷企业可以指定市场部代理或设立小型竞争情报机构;规模较大、技术含量高的陶瓷企业则需要建立规范、完善的竞争情报机构,并招聘或培训专业的竞争情报技术人员,以确保竞争情报机构的有效运作。竞争情报技术人员需要深入了解陶瓷行业的特点和实践要求,并具备竞争情报技术培训背景。此外,竞争情报机构的调查范围应涵盖各类陶瓷产品市场,包括初级市场、成熟市场、传统市场、新兴市场等,以及不同地域市场的供求状况,以全面把握市场动态和竞争态势。通过建立专业的竞争情报机构,陶瓷企业可以实现对竞争情报的系统管理和高效利用,提升企业的竞争力和市场适应能力。同时,陶瓷企业应对竞争情报机构进行调查,对其近期需求、远期需求、潜在需求、需求动向有所了解。通过建立专门的竞争情报机构并配备专业的技术人员,陶瓷企业能够更好地收集和管理竞争情报,从而在市场竞争中获得优势。

一、中国陶瓷产业国际竞争力

中国陶瓷产业的国际竞争力是近年来研究的重要方向,主要关注如何通过技术创新、品牌建设、管理优化等手段提升中国陶瓷产业在全球市场上的竞争地位。这方面的研究涵盖了从产业竞争者专利情况分析,到企业核心竞争力构建,再到出口贸易摩擦和中小型陶瓷企业盈利问题等多个层面。

对于中国陶瓷产业面临的挑战和机遇,主要从国际环境和国内环境两方面分析。尽管中国陶瓷产业出口数量增加,但成本上升、利润难以上升、品牌缺乏影响力等问题依然存在。国外陶瓷大品牌在我国设厂有助于我国陶瓷企业学习先进管理经验。我国加入WTO使得我国陶瓷产业国际化程度不断提高,这对我国陶瓷产业调结构、促升级是有益的。

中国是全球最大的陶瓷生产国,中国陶瓷产业在国际市场上的地位举足轻重。尽管我国陶瓷产量和出口量均居世界前列,但出口金额却相对较低,这表明我国陶瓷产品的国际竞争力仍有待提高。

中国陶瓷产业的发展面临着一定的挑战,如陶瓷产品普遍价格较低、品牌价值不高、缺乏高端产品等。出口到美国和日本的陶瓷产品中,与其他国家的同类型陶瓷产品相比,中国陶瓷产品的价格更低。这种低价竞争的方式不仅会降低产品的品质和企业的利润,还可能引发国际贸易摩擦,对产业的可持续发展造成威胁。品牌价值是影响产品价格和市场竞争力的关键因素。然而,中国陶瓷产业普遍存在品牌知名度不够的问题,很多陶瓷企业还停留在比拼低价的阶段。这导致我国陶瓷产品在国际市场上难以树立起高端形象,难以获得高附加值。产业结构不合理的问题在我国陶瓷产业中也比较突出。

提升中国陶瓷产业国际竞争力的战略包括:①优化产业结构。通过优化陶瓷产业结构,提升国际竞争力,向高端化、品牌化方向发展。政府要加大对技术研发、高端品牌的扶持力度,鼓励陶瓷企业加强自主创新,提高产品质量和科技含量。同时,政府应加强对陶瓷行业的引导和管理,减少资源浪费,缓解陶瓷企业间的过度竞争。②注重品牌建设。中国陶瓷企业应注重品牌建设,在提升品牌价值和影响力上下功夫。陶瓷企业要加大挖掘力度,增加产品的附加值,在产品设计等方面提高产品的独特性和文化内涵。③拓展国际市场。要想扩大产品的影响力和市场份额,陶瓷企业应积极拓展国际市场。通过参加国际展览、与国际品牌合作等方式,中国陶瓷企业可以更好地展示自己的产品和文化价值。同时,陶瓷企业应加强对国际市场的研究分析,有针对性地制定营销策略,提高市场占有率。

如今,陶瓷企业在市场上的竞争日趋白热化,决定企业胜负的关键在于企业的核心竞争力。其中,占据至关重要位置的是知识产权的核心竞争力。自主知识产权是企业技术研发能力和创新能力的集中体现,是企业在市场竞争中取得优势的重要保障。在打造知识产权核心竞争力方面,中国陶瓷企业已经有所建树。规模以上陶瓷企业通过整合资源、开展技术研发创新,初步形成了陶瓷技术基础研究、技术应用开发的创新体系。这种创新体系为陶瓷企业的发展和升级提供了支持,也非常明显地提高了陶瓷企业的利润和市场占有率。同时,在维权行为不断增多、陶瓷企业竞争力进一步增强的情况下,通过提升知识产权的核心竞争力来获得优势已经成为陶瓷企业的普遍认知,但这样或那样的问题依然存在于中国陶瓷企业构建知识产权核心竞争力的过程中,具体包括:①陶瓷企业整体上对于维护知识产权的意识还有所欠缺,知识产权维权建设力度不大,产品同质化程度较高。很多陶瓷企业认识不到知识产权的重要性,在创新意识、产品异质化等方面还有待提高。一些陶瓷企业不顾及品牌产品的长远发展,对有使用价值的新产品进行抄袭、仿制等现象时有发生。②陶瓷企业知识产权内部管理体系落后。大部分陶瓷企业并没有建立起完善的知识产权内部管理体系,一些规模较大的陶瓷企业甚至还存在着法务部门兼顾知识产权业务的情况。这一现状造成了知识产权保护在企业管理中的滞后,陶瓷产业知识产权制度化建设还有很长的路要走。③陶瓷企业自主创新能力不强。陶瓷企业需要在技术研发、产品创新等方面加大投入,提高自主创新能力。

针对以上问题,我国陶瓷企业应采取一系列措施加强知识产权核心竞争力建设,具体包括:①提高知识产权意识,提升产品的创新性。陶瓷企业应充分认识到知识产权的重要性,培养创新意识,通过自主研发和技术创新,打造具有竞争优势的品牌产品。②建立健全知识产权保护制度。陶瓷企业应建立并完善知识产权内部管理制度,设立专门的部门,或者指定专门的人员负责知识产权的相关管理工作。③优化知识产权结构,提高自主创新能力。陶瓷企业应努力提高自主创新能力,在技术研发和产品创新方面加大投入;引进先进技术,培养人才,通过与高校、科研单位等合作,促进技术成果转化和产业升级;加大专利布局和保护力度,以提高自身在国内外市场上的竞争力,优化知识产权结构。此外,政府也应不断完善知识产权管理制度,加大对陶瓷企业的扶持力度,为陶瓷企业提供更加优质的公共服务。

二、文化产业竞争力

文化产业竞争力的提升是当前社会发展的重要议题,涉及文化产业发展的战略选择、创新能力的培养、市场拓展能力的提升、成本控制能力的优化和可持续发展能力的提升等方面。在此过程中,如何有效地促进文化产业的发展,使之成为国民经济的支柱产业,直接影响着地方经济的长远发展。

对于文化产业的发展而言,创新是核心动力,而要想实现创新,人才是关键要素。因此,提升竞争力的核心在于加强文化产业创新型人才的培养。为此,我们必须对现有的文化产业创新型人才培养机制进行深化改革,并将其纳入国家创新体系建设的整体布局。同时,我们还应注重对文化产业创新型人才培养的基础研究,增加对文化产业相关科研机构和高校的科研投入,促进产、学、研三方的深入交流与合作,从而推动文化产业创新型人才的培养及其基础研究的发展。此外,我们还应加大对文化产业创新型人才的引进力度,通过开展高水平的文化研究领域的学术交流活动、加强文化产业项目科研合作等方式,吸引全球优秀文化产业创新型人才投入到我国文化产业升级进程中来。随着科技的不断发展,文化产业需要不断转型升级,以适应市场需求的转变。这就要求政府在文化产业方面加大科技投入,促进文化产业与科技产业融合发展。例如,传统文化产业可以通过大数据、人工智能等技术手段进行数字化转型,提升文化产品的生产效率和附加值。同时,鼓励拥有自主知识产权、文化产业核心竞争力的企业加大自主创新,以及对文化产品和服务的研发力度。品牌是文化产业竞争力的重要体现,提升竞争力的关键举措就是加强文化产业品牌建设,这就要求文化企业在品牌知名度、美誉度的塑造和提升上下功夫。同时,为了给文化产业健康发展提供良好的环境,政府和社会各界也要加大对文化产业品牌的保护和扶持力度。文化产业需要更加积极地参与国际交流与合作,增强自身的国际竞争力。文化企业需要加强与国际同行的交流与合作,引进国际先进的管理经验和生产流程,提升自身的国际化水平。同时,政府也应该加大对文化产业"走出去"的支持力度,鼓励文化企业拓展海外市场,推动中华文化走向世界。

第三节 陶瓷产业发展战略案例研究

淄博,历来是我国北方重要的制瓷地区。近年来,市场环境的不断变化,淄博陶瓷产业的发展也面临着许多机遇和挑战。

深厚的历史积淀为淄博提供了丰富的文化资源,促进了该地区陶瓷产业的发展。涵盖原材料采购、产品制造、包装设计、销售渠道等多个环节的成熟的产业链,为淄博陶瓷企业降本增效做出了贡献。淄博拥有多所高校和科研院所,这些为陶瓷产业的发展提供了丰富的人才资源和技术支撑。

淄博陶瓷产业的发展劣势主要表现在以下几个方面。①陶瓷企业多为小型企业,缺乏大型龙头企业带动产业集群发展。较小的规模使得企业在市场上缺乏竞争力,难以招架市场风险。②品牌价值流失。淄博的部分陶瓷企业缺乏品牌意识,产品质量参差不齐,导致消费者对淄博陶瓷品牌的信任度降低。③环境污染问题。陶瓷行业属于高能耗、污染较大的行业,在治理环境污染方面存在一定的问题。在工业规模不断扩大的同时,对工业可持续发展构成威胁的环境污染问题也越来越凸显。

淄博陶瓷产业迎来"互联网+"时代。陶瓷企业可以通过互联网平台开展多方面的工作,包括拓展销售渠道、提升品牌知名度、推动行业转型升级。国家对文化产业高度重视,对淄博陶瓷产业的发展给予了政策支持,淄博陶瓷产业可借助政策优势提升核心竞争力。不断增长的国内外市场需求,为淄博陶瓷产业的发展提供了广阔的市场空间。随着人们生活水平的提高,精品陶瓷的需求量越来越大。

国内其他陶瓷产区的快速发展以及国外进口陶瓷的冲击,使得淄博陶瓷产业面临巨大的竞争压力。随着环保要求的提高和资源的日益枯竭,陶瓷原材料的成本不断上升,对陶瓷产业的成本控制构成威胁。现代科技的进步推动陶瓷制造技术不断更新换代,陶瓷企业应该加大对技术研发和设备升级的资金投入。

从SWOT分析结果来看,陶瓷企业需要强化品牌建设,加大品牌宣传投入,以提高知名度和美誉度。陶瓷企业应加大对产品的质量监管,努力提高消费者对淄博陶瓷品牌的信任度。陶瓷企业应在提高产品附加值方面加大投入,进行技术研发和设备更新,促进产业转型升级,实现绿色环保可持续发展。陶瓷企业应积极扩大国内和国际市场,利用"互联网+"平台,扩大线上销售途径。为提升淄博陶瓷在国际上的影响力,陶瓷企业应积极参加国内外展览交流活动。陶瓷企业应与高校、科研单位合作,加强对高素质陶瓷专业人才的培养;加大企业内部培训力度,不断提高员工的业务技能、业务素质。政府应优化营商环境,简化陶瓷企业经营成本的行政审批流程;加大对陶瓷企业的政策支持力度,为陶瓷企业的发展提供良好的外部环境。将SWOT分析模型应用于淄博陶瓷产业发展战略研究,综合梳理淄博陶瓷产业的优势、劣势、机遇和威胁四大影响因素,我们可以得出结论:目前最适合淄博陶瓷产业的战略是优势与机遇相结合所形成的"SO"进取战略。

淄博新福来特陶瓷有限公司位于山东省淄博市淄川区,是一家中型建筑陶瓷生产企业。近年来,国内外市场的竞争态势愈发激烈,该企业面临着前所未有的挑战,迫切需要发掘新的业务增长点与突破口。因此,深入探讨新福来特陶瓷有限公司的竞争策略,显得尤为重要与实用。在过去的几年里,该企业的营业收入与利润总额均呈现出波动趋势。具体来说,2020年该企业实现营业收入3469.5万元,但利润总额却为-4133.8万元,呈现出亏损状态;2021年,该企业的营业收入与利润总额分别增长至9069.5万元和69.1万元,实现扭亏为盈;2022年,该企业的营业收入进一步提升至11870.8万元,利润总额为59.7万元。

作为我国传统优势行业之一,建筑陶瓷行业有着悠久的发展历史。淄博是我国重要的建筑陶瓷产业集聚区,也是我国继佛山之后的重要建筑陶瓷生产基地。近年来,在国内外市场不断变化、消费需求升级的情况下,建筑陶瓷行业面临的挑战也是多种多样的,具体包括:同质化竞争激烈,频频上演价格大战;消费者对产品质量、设计、环保性能等方面的要求日益提高;国际贸易环境的不确定因素增多,对以出口为主的企业形成较大压力。新福来特陶瓷有限公司是一家中型建筑陶瓷企业,在产品质量、技术创新、品牌建设等方面具有很强的实力。该企业逐步形成竞争优势,得益于不断的技术创新和产品更新换代。同时,该企业注重品牌塑造和市场营销,在提升品牌知名度、美誉度上下功夫。该企业在发展过程中也存在一些问题,如产能利用率不足、成本控制不力等。

鉴于目前的市场环境以及该企业的实际情况,其可选择的竞争战略主要有以下几种。①依靠技术创新、产品差异化来获取竞争优势的差异化战略。该企业可以在产品的设计方面不断推陈出新,满足消费者的个性化需求;在生产工艺和原料选择上寻求突破,提高产品质量和环保性能。通过实施差异化战略,该企业可以在同质化竞争中脱颖而出,获得更高的市场份额,提高盈利水平。②成本领先战略。该企业可以通过降低生产成本来获得竞争优势,在产品的采购、生产和销售环节,加强成本控制,提高产能利用率,减少费用支出。同时,该企业可以利用规模效应和改进技术来进一步降低成本,提升市场占有率和盈利水平。③集中化战略。该企业可以选择在某一产品领域进行集中运营,也可以选择在某一特定市场进行集中运营,针对某一特定产品类型或客户群体进行深入挖掘,提高专业化水平和产品附加值。集中化战略有助于该企业在提高客户黏性和忠诚度的同时,更好地满足特定市场的需求。

第四节　高科技陶瓷产业战略

高科技陶瓷作为一种结构材料,具有耐磨、耐高温、抗氧化等特性,已经在多个领域中体现出相当大的价值,特别是在新能源汽车、环保设备、新一代信息技术等领域。

德国在高科技陶瓷领域取得了令人瞩目的成果,如发明了一种陶瓷电容器,该电容器能在无安全措施的情况下使用。

在日本,包括热感应器、压力感应器、磁感应器等在内的各类高科技陶瓷产品占据了多数市场。在高科技陶瓷的研发领域,如新型超塑陶瓷、塑料陶瓷、高科技陶瓷引擎、高科技陶瓷电池等的研发上,日本也走在前列。

美国在结构陶瓷领域占据领先地位,其应用广泛涉及医疗设备、汽车、飞机、核工程以及太空技术等领域。目前,结构陶瓷的精密材料以氮化硅、碳化硅、二氧化锆为主,其中美国的结构陶瓷产品产量占据了全球结构陶瓷产品总产量的绝大部分份额。此外,美国制造的耐高温陶瓷能够在高达1300℃的环境下工作,其工作强度甚至超过了一般高温金属的6倍。值得一提的是,美国国防部和NSF(National Science Foundation,美国国家科学基金会)在高科技陶瓷的研发方面发挥着重要作用,特别是在军事、航天和环境保护等领域的研发工作中取得了显著成果。

中国的高科技陶瓷也有很大程度的发展,如北京在CIM(Ceramic Injection Molding,陶瓷注射成型)技术上具有明显优势,上海在精密陶瓷方面具有明显优势。

总的来说,高科技陶瓷在全球范围内都得到了广泛的关注,其未来应用场景将会更加广泛。随着科技的不断进步和人类对新材料性能的不断探索,我们有理由相信,高科技陶瓷将为我们的生活带来更多惊喜。

第十一章 景德镇陶瓷产业的竞争策略研究

第一节 景德镇陶瓷产业的竞争策略背景

景德镇陶瓷的发展历经数个时期,各个时期陶瓷的风格各异。汉代是景德镇陶瓷的初创期,这时的景德镇叫"新平镇",以陶器生产为主。到了唐代,景德镇的陶瓷逐渐发展壮大,该地也因此成为中国著名的陶瓷产地,此时景德镇的陶瓷以青瓷和白瓷为主,其品质和工艺已经达到了相当高的水平。宋代是景德镇陶瓷发展的一个转折期,受五大名窑——汝窑、官窑、哥窑、钧窑、定窑的影响,景德镇开始走向多元化、个性化的陶瓷发展道路。此时的景德镇陶瓷以青瓷、白瓷和黑瓷为主,其造型和装饰手法也变得更加丰富多样。元代是景德镇陶瓷发展的巅峰期,此时的景德镇陶瓷已经成为中国陶瓷的代表。元代景德镇陶瓷以青花釉里红瓷器为主,其工艺更加精湛,造型变得多样化。明代,景德镇陶瓷以青花瓷、五彩瓷和斗彩瓷为主,其装饰手法更加细腻。到了清代,景德镇陶瓷的发展进入全盛时期。清代景德镇陶瓷以珐琅瓷、粉彩瓷和豆青釉瓷等为主,其工艺和造型变得更加复杂和多样化。景德镇现代陶瓷在继承传统的基础上,不断推陈出新,开发出不少新品种和新的装饰工艺。同时,景德镇的制陶技艺也得到了广泛的推广和应用,景德镇陶瓷成为中国传统工艺品的重要组成部分。从整体上看,景德镇陶瓷赢得了世界各国人民的喜爱和赞誉,其品质优良,工艺精湛。未来,景德镇将继续发挥其陶瓷技艺优势,不断探索和创新,为人类的文化和艺术事业做出更大的贡献。

随着经济全球化的推进,以及各国数字经济的快速发展,如何提升竞争力、实现可持续发展,是景德镇陶瓷文化创意产业面临的重要问题。近年来,针对这些问题,许多研究者都进行了深入的研究,并从不同的角度提出了一系列有价值的观点和对策。有的研究者运用钻石模型、波特五力模型等理论工具,深入剖析影响景德镇陶瓷文化创意产业竞争力的各种因素,如区域特色、创新驱动、金融支持等。对于景德镇陶瓷文化创意产业在"一带一路"倡议背景下的发展战略,也有研究者从国际化的角度进行了探讨。关于景德镇陶瓷文化创意产业升级与转型也备受研究者的关注,相关研究者不仅分析了景德镇陶瓷文化创意产业的发展现状及存在问题,还在知识产权保护、产业链延伸、产品开发等方面,提出了一系列对策和建议。系统建设、知识协同增效等是景德镇陶瓷文化创意产业相关研究的重点。

一、景德镇陶瓷产业发展历史

景德镇地区的瓷器生产在刚刚起步时已经展现出一定的规模。从东晋设立新平镇开始,陶瓷的生产一直是该地区的重要经济活动。宋真宗景德元年(1004年),宋真宗赵恒十分喜欢景德镇青白瓷,便把"景德"二字赐给昌江岸边的昌南镇,同时还钦命在瓷器底部写上"景德年制",这一事件标志着景德镇陶瓷产业的正式崛起。景德镇陶瓷产业之所以兴旺发达,凭借其得天独厚的天然资源,这一地区及其周边地区蕴藏着多种关键制瓷原料,如高岭土、瓷石、釉果等,这些是景德镇陶瓷生产的物质基础。元朝设"浮梁瓷局",景德镇制瓷产业分工进一步细化,在工艺上精益求精。这种原料优势和细化的分工,使得景德镇的陶瓷品质得到了进一步的提升,进一步推动了景德镇的繁荣发展。明清两代,朝廷加强了对景德镇制瓷产业的管理,设置了御窑厂等机构,使景德镇制瓷产业进一步走向规模化、专业化的轨道。近年来,《"景德镇制"陶瓷保护条例》等政策文件的发布不仅推动了景德镇制瓷产业的进步,也为景德镇整个城市的发展提供了强大的动力。

尽管景德镇的陶瓷产业历史悠久,陶瓷资源丰富,该产业的发展也面临着许多问题和挑战。例如,传统手工艺的传承、创新技术的引入、市场需求的波动等方面的问题都需要得到有效的解决。这些问题如果处理不好,对景德镇的陶瓷产业乃至整个城市的发展都可能造成不利的影响。景德镇需要采取一系列的策略来应对这些问题和挑战,具体表现在以下几个方面:在传承方面,要加强对传统手工艺的传承和保护;在创新方面,应该积极引入新技术和新工艺,推动陶瓷产业的升级和转型;在市场方面,要加强对市场的调查和分析,了解市场的需求及其变化趋势,以更好地适应市场需求。

从总体上看,景德镇的发展依赖于其陶瓷产业。景德镇要想持续繁荣发展,应高度重视陶瓷产业的传承和创新,同时也要关注市场动态和消费者需求的变化。唯有如此,陶瓷产业才能在景德镇的发展中继续发挥决定性作用。

二、景德镇陶瓷文化创意产业发展

景德镇陶瓷文化创意产业的发展是近年来中国经济发展的重要方向之一。景德镇是我国陶瓷制作技术的发源地,其陶瓷文化传承至今,具有深厚的历史底蕴和独特的艺术魅力。在时代不断发展、新兴产业迅速崛起的背景下,如何创新传统陶瓷制作工艺和相关文化,使其在现代社会发展中发挥更大的作用,是我们需要解决的重要课题。

景德镇陶瓷文化创意产业既包括传统的陶瓷制造,又涵盖陶瓷设计、文化旅游、艺术展览等多个领域,其以传统陶瓷文化为基础,通过创新和科技手段,将传统文化与现代市场需求相结合,创造出了具有独特魅力的文化产品。

景德镇发展陶瓷文化创意产业的优势体现在以下几个方面:

①品牌优势:景德镇作为享誉全球的"瓷都",品牌影响力大,为发展陶瓷文化创意产业奠定了坚实基础。

②资源丰富:景德镇拥有丰富的陶瓷文化资源,包括历史遗迹、传统工艺、民间艺术等,为发展陶瓷文化创意产业提供了丰富的资源。

③政策扶持:当地政府大力扶持陶瓷文化创意产业,为陶瓷文化创意产业的发展提供了良好的政策环境。

景德镇陶瓷文化创意产业体系建设面临的主要困境包括:

①产业链不完整:景德镇目前还没有完全形成陶瓷文化创意产业链,各个环节之间缺少有效的连接。

②融资难:制约行业快速发展的是文化创意产业的资金难以获得,或者融资成本较高。

③缺乏专门的人才:目前市场上缺乏景德镇陶瓷文化创意产业发展所需要的大量专业人才。

景德镇陶瓷文化创意产业体系构建路径具体包括:

①完善产业链:景德镇可以利用政策引导和市场机制,加强陶瓷文化创意产

业链各环节之间的衔接,以形成完整的产业链。

②拓宽融资渠道:鼓励社会资本进入陶瓷文化创意产业,同时政府应加大对陶瓷文化创意产业的投入,为产业发展提供充足的金融支持。

③培养专业人才:陶瓷文化创意企业可以通过与高校、社会机构等多方合作,培养一批既懂陶瓷艺术又懂市场运营的专业人才。

④强化品牌建设:陶瓷文化创意企业应进一步挖掘和提炼景德镇陶瓷文化的核心价值,通过品牌推广和国际化战略,提升"瓷都"品牌的影响力和竞争力。

⑤推动创新发展:陶瓷文化创意企业应加大科技研发投入,推动陶瓷文化与科技、互联网等新兴产业的融合发展,提升创新能力和市场竞争力。

⑥加强国际交流与合作:积极参与国际文化交流活动,加强与国际同行的合作与对话,引进国际先进理念和资源,推动景德镇陶瓷文化创意产业的国际化发展。

景德镇陶瓷文化资源丰富,为景德镇发展陶瓷产业提供了独特优势。由于国内其他陶瓷产区纷纷崛起,世界陶瓷市场竞争加剧,景德镇的陶瓷产业面临着巨大的挑战,主要表现在以下几个方面:一是市场份额受到挤压,二是人才流失现象严重,三是产业创新能力有待提高。基于以上分析,提出以下发展对策:

①工艺创新与管理创新。要想提高竞争力,景德镇陶瓷产业需要加大工艺创新和管理创新的力度。在工艺上,要积极探索提高产品科技含量和附加值的新材料、新工艺的应用。在管理上,要引入优化生产流程、降低成本、提高效益的现代企业管理理念和管理方法。

②引才育才。推动产业发展以人才为核心动力,针对当前景德镇人才流失的问题,应采取有效措施加以解决。一方面,要完善人才引进政策,吸引国内外优秀陶瓷人才到景德镇发展;另一方面,加大人才培养力度,通过与高校、培训机构等合作,培养高素质专业人才。

③走集群发展之路。产业应走集群发展之路,以提高产业整体的竞争力:通过打造规模较大的陶瓷产业园区,实现资源共享,优势互补,把上下游的企业聚集到一起。这对降低成本,提高效益,促进企业之间的协同发展是有好处的。同时,政府应加大对陶瓷产业园区的支持力度,完善配套设施,优化营商环境,吸引更多企业入驻。

④加强营销与品牌建设。现今市场竞争日趋激烈,加强营销与品牌建设对于陶瓷产业的发展而言至关重要。陶瓷企业可以充分利用景德镇"瓷都"这一品牌

优势,加大宣传力度,促进其品牌知名度、美誉度的不断提高;在开发适销对路的产品时,应注重市场调研,了解消费者的需求;积极拓展国内、国际市场,不断扩大市场份额。

⑤政策扶持与资金保障。在陶瓷产业发展的进程中,政府发挥着举足轻重的作用。政府应该制定包括财政补贴、税收优惠等一系列的扶持政策,为陶瓷产业的发展提供坚实保障。同时,政府应加大对陶瓷产业的资金投入,支持陶瓷企业进行技术改造、产品研发和市场开拓。

第二节 景德镇陶瓷产业策略研究

当下,随着经济全球化的推进和市场竞争的加剧,景德镇陶瓷产业的发展面临诸多挑战。如何在信息化、智能化、快捷化成为生活主旋律的今天,通过创新策略推动景德镇陶瓷产业的发展,并有效保护与传承作为非物质文化遗产的景德镇制瓷技艺的宝贵价值,成为当前研究的重要课题。

景德镇陶瓷企业近年来在知识产权保护方面取得了较大的成功,申请专利数量逐年上升,特别是外观设计专利申请增长幅度较大。但在实际操作中,还存在以下问题:①知识产权保护意识淡薄。不少企业对知识产权保护的重要性认识不足,缺乏自我保护意识,在产品研发过程中,未及时申请专利,导致成果被他人仿冒。②维权成本高。即使遭遇侵权,企业的维权过程复杂、成本高昂,由于无力承担维权费用,一些企业选择了放弃维权。③区域性侵权现象严重。由于缺乏有效的监管机制,区域内侵权行为屡禁不止,仿冒产品的泛滥使企业的市场竞争力受到严重影响。

针对以上现象,政府、企业、社会三方应携手解决相关问题。①强化知识产权保护意识。政府应加大知识产权保护宣传力度,提高全社会保护知识产权的意识,使陶瓷企业充分认识到知识产权对于提升企业自身创新能力和市场竞争力的重要性。②降低维权成本。政府应建立健全知识产权维权援助机制,提供法律援助、资金支持等服务,降低陶瓷企业的维权成本,加大惩治侵权的力度。此外,可以建立区域性知识产权维权联盟,通过联盟内的协作互助,形成合力,提升整体维权能力。③加强国际合作与交流。陶瓷企业应积极参与保护国际知识产权活动,学习和借鉴国外先进经验;加强与国外陶瓷企业的合作与交流,共同打击跨国侵权行为。④增强自主创新能力。陶瓷企业应加大在自主创新方面的研发、投入力度,努力培养专业化的知识产权管理团队,为企业自身的发展提供知识产权保护和管理等全方位的支持。

景德镇陶瓷企业在知识产权保护和维权方面还存在不少难题,需要政府、社会各界联动,共同努力,破解难题。提升自主创新能力、加强国际合作与交流、强化知识产权保护意识、降低维权成本、组建区域性知识产权保护联盟等举措,有望为景德镇陶瓷产业再创辉煌提供强有力的保障。

陶瓷文化创意产业以创意为核心,强调通过技术、创意和产业化手段进行知识产权开发和营销,这样的产业为保护和传承景德镇陶瓷技艺这一非物质文化遗产提供了一种新的可能。首先,陶瓷文化创意产业能够以创新的方式,创造出具有时代特征的、陶瓷传统技艺与现代工艺相结合的新作品,这是一条具有时代特征的陶瓷文化创意产业创新之路,不仅可以使传统的陶瓷技艺得到传承,还可以吸引更多的年轻人对陶瓷技艺产生兴趣,从而扩大传承陶瓷技艺的群体。其次,陶瓷文化创意产业可以通过开发与陶瓷相关的文化产品和服务,使陶瓷技艺得到更广泛的传播和应用,例如,可以开发带有陶瓷元素的服装、家居用品、艺术品等,使陶瓷文化融入人们的生活,此外,可以通过举办陶艺文化展览、陶艺节等活动,提高公众对陶瓷技艺这一非物质文化遗产的认知和保护意识。最后,陶瓷文化创意产业可以通过与教育机构合作,将陶瓷技艺引入课堂,让学生通过学习,了解并初步掌握传统的陶瓷技艺。这不仅可以使年轻一代更好地了解和传承陶瓷文化,还有助于为陶瓷文化创意产业提供源源不断的人才支持。

景德镇陶瓷文化产业集聚区内的企业和机构,在知识协同上遇到了很多难题,包括:企业间缺乏有效的知识沟通,没有很强的知识分享意识,也没有制定相关协作机制;企业间信任感不足,知识协同过程中存在信息不对称和合作障碍;缺乏专业的陶瓷中介机构与公共机构的服务支持,这使得企业间的知识协同的效率和效果大打折扣。

为了解决上述问题,笔者提出以下战略建议:①增强陶瓷文化企业的学习能力和企业间的知识协同效应。可以通过加强陶瓷文化企业间的知识交流与合作,推动陶瓷文化企业间的知识分享与融合。同时,鼓励陶瓷文化企业加大对于提升技术创新能力方面的研发投入。②促进组织间信任关系的建立和加强。可以通过建立有效的沟通机制,加强陶瓷文化企业间的信息沟通与协作。同时,通过政府引导和政策支持,提升陶瓷文化企业间的互信与合作意愿。③引进专业中介机构、陶瓷产权交易机构。鼓励专业中介机构提供知识产权保护、技术转移转化等专业服务,促进知识的高效流通与协同创新。同时,加大陶瓷知识产权交易所建设力度,提供基础性公共服务保障。④打造知识协同文化。可以通过宣传教育、培训等方式,提升企业间的知识协同意识。同时,鼓励企业建立开放式的组织文化,促进知识的交流与共享。⑤完善人才保障政策制度。政府要加大对人才培养和引进的支持力度,健全人才激励机制。同时,鼓励企业加大内部人员培训力度,增强员工知识协同意识和能力,推动企业内部人员培训工作的深入开展。

自2020年以来,受疫情影响,景德镇陶瓷产业的发展面临着一系列挑战。艺术陶瓷、大师陶瓷和礼品陶瓷的销售额呈现缓慢下滑的态势,陶瓷新品的开发策略在不断调整和优化,其目标市场已回归大众消费市场。相关调研结果显示,尽管许多规模企业和品牌企业对新产品的研发十分重视,但仍有不少规模较小的企业以低价策略为主要竞争手段,器型较为传统,功能较为单一。这主要是因为目前大多数陶瓷企业的新产品开发以创新外观设计为主,资金投入大、周期长、成功率低,涉及功能开发、器型开发、纹样设计、釉料制备等。对于开发新产品,陶瓷企业在战略的构建和执行上,体现出明显的随意性、松散性和缓慢性等特点。这导致陶瓷企业在面对市场变化时,难以做到快速响应并调整新产品开发策略。

景德镇陶瓷企业在面对市场变化时,需要更加灵活、快速地调整新产品开发策略。首先,陶瓷企业应加大对新产品开发的投入,提高研发能力,尤其是关于功能研发和器型研发的能力。其次,陶瓷企业应建立明确的新产品开发策略,以提高策略执行的效率和成功率。最后,陶瓷企业要关注市场动态,及时捕捉消费需求的变化,以便能够在新产品的开发上迅速调整重点和方向。

景德镇陶瓷文化创意产业创新战略包括:①以文化自信推动品牌塑造。景德镇悠久的制瓷历史和卓越的制瓷技艺是景德镇文化自信的源泉。重塑"景德镇制"这块金字招牌是文化自信的体现,"景德镇制"体现了景德镇千年的工匠精神,推动了中国陶瓷文化的传承与发展。②加快推进景德镇手工制瓷技艺申报世界非物质文化遗产的工作,大力营造尊师重教的社会风气。③深入推进陶瓷文化挖掘和品牌传播,可以利用高校和科研院所的研究资源,采取多种方式,深入挖掘景德镇的陶瓷文化底蕴和历史故事,积极推动景德镇陶瓷文化进课堂、进校园。④深化景德镇与国外机构的合作,积极建立多元化的交流与学术研究机构,如景德镇陶瓷文化国际交流中心等,以促进文化互鉴与知识共享。⑤加大品牌传播力度,可以在北京、上海等国内核心城市设立对外文化交流和传播窗口,作为展示景德镇陶瓷文化的重要平台,进而提升其在国内外的影响力和知名度,也可以通过开展国际陶瓷文化学术研究与交流等活动,与国外艺术院校建立深度合作。

为进一步推动景德镇陶瓷文化创意产业提档升级,政府需要进行全方位打造,包括建立国家陶瓷文化传承创新试验区的政策研究中心和产品研发中心。要想更有效地推动陶瓷文创街区的发展,还需要整合现有资源,统筹规划同类企业的发展方向,并着力提升中高档陶瓷的设计生产效率。通过实施精准的政策、制定长远的发展规划,以及提供明确的政策导向,努力塑造更多在国内乃至国际上享有盛誉的知名品牌。同时,景德镇市政府应积极推进国家级陶瓷创新设计研发中心的建设,并充分依托景德镇陶瓷大学国家日用及建筑陶瓷工程技术研究中心的专业力量。政府的目标是将该中心打造成为国内外知名的陶瓷研发机构,汇聚陶瓷领域的知名学者和青年才俊,共同开展学术研究、科技攻关、设计创新和实践制作,以推动陶瓷产业的持续创新与发展。研发中心要发挥辐射作用,以统一形象、统一品牌、统一宣传的方式,联合发布陶瓷新技术、新材料、新产品、新应用,向全世界展示陶瓷创新产品的顶尖设计水平,与景德镇及周边地区的企业开展深层次的技术合作。

作为国家重要产业之一的景德镇陶瓷文化创意产业,迎来了发展机遇期。通过文化自信促进品牌塑造,通过深入挖掘陶瓷文化,加强品牌传播,促进产业升级,进一步推动景德镇陶瓷文化创意产业的持续繁荣发展。这不仅有助于提升景德镇的国际知名度和影响力,还能够带动地方经济的快速发展和传统文化的传承与创新。

景德镇陶瓷行业受社会经济整体不景气的影响,行业整体呈现不景气的发展态势。这不仅影响了区域内的经济增长,也威胁着众多陶瓷企业的生存与发展。景德镇陶瓷行业在营销竞争力方面存在的问题包括:①产品创新力尚显不足。当前景德镇陶瓷产品同质化严重,创新不足,缺乏特色。部分陶瓷企业存在质量意识不强、产品质量不稳定等问题,影响了消费者对景德镇陶瓷的信任度。②品牌建设较为滞后。缺乏具有国际影响力的品牌,未能有效提升品牌价值。③营销手段较为单一。没有充分利用现代营销手段开拓市场,过分依赖传统销售模式。

对于以上问题,笔者提出如下对策建议,以促进景德镇陶瓷行业营销竞争力的提升。①倡导产品创新。政府应制定合理的创新政策,有效结合创新基金、孵化器和集群创新计划,形成创新生态,催生具有较强创新能力的优质陶瓷企业,形成以创新为导向的产业创新体系,并定期举办创新研讨活动和创新成果评奖活动。陶瓷企业也可以在许多方面进行创新尝试,培养员工的创新价值观。②利用当地陶瓷专业教育资源优势,抓好人才培养。鼓励陶瓷企业聘请有经验的退休职工做技术指导。在人才保障方面做足工作,为产品创新打好基础。③加强质量管控。陶瓷企业要建立并不断完善质量管理体系,强化质量意识,确保产品质量稳定可靠。政府部门要加大对质量不合格产品的处罚力度,提高企业违法成本,同时,树立质量标杆企业,起到示范带动作用。④加强品牌建设。陶瓷企业要在品牌建设、品牌知名度和美誉度上下功夫,包括:加大品牌宣传力度,利用广告等多种渠道推广品牌,扩大品牌影响力;以提高消费者对品牌的认同感和忠诚度为重点,注重品牌形象的塑造,提供高品质的产品和服务。⑤拓展营销渠道。陶瓷企业应积极利用电商平台和社交媒体等渠道拓展销售市场,如利用网络直播、社会化媒体推广等网络营销活动,增加产品的曝光度并提升销售量。此外,陶瓷企业可以积极开拓旅游纪念品市场,与旅游产业相结合,拓展销售渠道。⑥提升产品的国际知名度和影响力。陶瓷企业应积极参加国内外各类专业展会和交流活动,以提升产品在国际上的知名度和影响力。

景德镇陶瓷行业的营销竞争力有望通过上述对策的实施而得到提升。陶瓷企业须积极响应政策引导,加强自身能力建设,不断改进产品和服务质量,以满足消费者需求和提升市场竞争力。同时,政府和行业协会也要加大对陶瓷企业的扶持力度,共同推动景德镇陶瓷产业的发展。

景德镇陶瓷文化底蕴深厚,有着独特的魅力。随着经济全球化程度的深化和市场竞争的加剧,景德镇陶瓷产业面临着转型升级的压力。如何提升景德镇陶瓷产业的竞争力成为当前景德镇陶瓷产业相关研究的一个重要课题。

笔者对景德镇陶瓷产业进行了SWOT分析。

(1) 优势:景德镇的制瓷历史悠久,瓷器制作技艺精湛,是其他地区所不能比拟的。此外,景德镇还是我国重要的陶瓷文化发祥地,文化底蕴十分深厚。

(2) 劣势:随着市场经济的发展,景德镇陶瓷产业也面临着新的挑战。首先,传统制瓷技艺传承难,很多技艺都存在着失传的风险。其次,新兴陶瓷产区使得景德镇陶瓷产业面临的竞争压力增大,市场份额被抢占。最后,缺乏现代工业生产体系和市场运作机制,这些也是制约景德镇陶瓷产业发展的重要因素。

(3) 机遇:随着经济全球化、企业互联网化的推进,景德镇陶瓷产业迎来了发展的新机遇。一是国际市场需求旺盛,给景德镇陶瓷的出口提供了广阔发展空间;二是随着人们生活水平的提高,人们对精品陶瓷的需求也不断增加;三是政府对文化产业高度重视,提供了政策扶持,有利于景德镇陶瓷产业的振兴。

(4)威胁:一方面,陶瓷新兴产区对景德镇的陶瓷工业的发展造成了一定的威胁;另一方面,景德镇陶瓷出口受到国际贸易保护主义抬头的影响。此外,环境污染问题也对景德镇陶瓷产业的可持续发展提出了挑战。

波特提出的钻石模型,是一套深入剖析工业竞争力的工具。我们可以利用钻石模型,从生产要素、需求状况、相关行业、企业战略、政策影响等多个维度,对景德镇高科技陶瓷产业的竞争力进行全面剖析。

在生产要素方面,基础设施、人力资源、资金、技术等关键要素,对景德镇高科技陶瓷产业的发展起到了重要的支撑作用。目前,景德镇在高科技陶瓷产业的基础设施和资本条件方面已经取得了显著的进步,但在人力资源和技术方面仍面临一些挑战。如人才结构不够合理,缺乏专门从事研发、生产、销售高科技陶瓷的专业人才队伍,这在一定程度上制约了产业的发展。此外,尽管景德镇在高科技陶瓷研发方面起步较早,但当前企业规模普遍偏小,经济实力相对较弱,技术研发周期长,缺乏核心技术和知名品牌。这些因素都影响了景德镇高科技陶瓷产业在国际市场上的竞争力。因此,景德镇需要进一步加强人才队伍建设,加大技术研发力度,培育核心技术和品牌,以提升其在全球高科技陶瓷产业中的竞争力。因此,景德镇高科技陶瓷产业需要加强人才培养和技术创新,以增强竞争力。

在需求状况方面,2023年,景德镇高科技陶瓷产业总产值253.2亿元,同比增长111.16%;企业数量增长到172家。景德镇高科技陶瓷产业虽然面临着产业结构调整、市场需求不旺的发展局面,但其发展前景依然广阔。一方面,市场需求稳步增长,一些高科技陶瓷逐步融入居民生活和医疗器械领域。另一方面,由于各国在新材料和新工艺领域的投入越来越大,高科技陶瓷在这些领域的应用前景广阔。在相关行业方面,高科技陶瓷产业链包括研发、生产、流通等环节。景德镇建立陶瓷产业园、科技园等产业集聚地,推动产、学、研三方相结合,以点带面,促进了高科技陶瓷产业的发展。但高科技陶瓷产业链仍十分松散,缺乏有效的沟通机制,相关技术扩散与应用仍有一定的局限性。另外,过度的竞争有可能导致资源的分散和浪费,从而对产业的持续健康发展产生不利影响,使整体竞争力下降。

在政策影响方面,高科技产业成为我国经济发展的重要方向,"调结构、促改革"的经济新常态为高科技陶瓷行业等带来了发展机遇。政府制定了多项扶持政策和措施,如建立产业园区、进行财政资金扶持等,为高科技陶瓷产业的发展创造了良好的外部环境。加强高科技陶瓷产业人才队伍建设可以通过培训、产学研合作、引进外来人才等方式。此外,还应加强协调配合,以高科技陶瓷产业链优化整合为抓手,引导产业链集聚,完善社会经济网络,避免恶性竞争。实施政策扶持、法律法规保护、建立市场诚信体系、创新监管方式等措施,有助于创建良好的高科技陶瓷产业区域环境。

企业竞争力是指在竞争市场环境下,企业通过制定战略和培养自身发展能力,在实现自身价值的同时谋求生存发展,整合内外部资源,相较于竞争对手,能够更有效地满足客户需求。企业竞争力的特点是相对的、动态的、具体的、全面的。我们可以选择合适的计量指标,建立科学的企业竞争力评价指标体系,并利用该指标体系全面有效地评价企业竞争力的状况。评估指标的设置要遵循有机结合的原则,既具系统性,又具可操作性;既要有可比性,又要兼顾特色。

目前,国内外学者在企业竞争力方面,已经形成了一套相对成熟的评估体系,主要考察的是相关财务表现。其中,沃尔评分法和杜邦财务分析系统是目前较为流行的主流评估方法。随着市场竞争的加剧和企业经营环境的变化,一些学者开始尝试从企业战略、创新能力、市场营销能力、质量管理等方面入手,设置评价企业竞争力的指标,并且成效显著,越来越受到重视。

我们需要结合陶瓷文化创意企业的特点和市场环境,构建符合企业实际情况的竞争力评价指标体系,从而更有效地评价陶瓷文化创意企业的竞争力。

总而言之,企业竞争力是涉及企业方方面面的复杂概念。要想对企业竞争力状况进行全面准确的评估,需要选择适当的评估指标,建立科学的评估指标体系。同时,要针对不同行业、不同企业的特点,构建与企业实际相适应的企业竞争力评价指标体系,以更好地指导企业发展,提高企业的竞争力。

景德镇作为国际"瓷都",有着深厚的陶瓷文化底蕴和良好的产业基础,它的陶瓷文化创意产业近年来得到蓬勃发展。政府出台了一系列政策措施,推动景德镇国家陶瓷文化传承创新试验区建设,激发陶瓷文化创意企业创新活力,促进陶瓷文化创意产业快速发展,但景德镇陶瓷文化创意产业在发展过程中也面临着一些挑战,其中资金问题最为突出。陶瓷文化创意企业规模不大,融资渠道窄,在发展过程中,不少陶瓷文化创意企业遭遇融资困境,因此,加强金融支持对于推动景德镇陶瓷文化创意产业的进一步发展而言十分关键。这需要联合政府相关部门、金融机构、陶瓷文化创意企业等多方的力量。

政府应出台更多有利于陶瓷文化创意产业发展的政策措施,加大对陶瓷文化创意企业融资的政策引导。监管部门应加强对金融机构的监管和引导,鼓励金融机构加大对陶瓷文化创意产业的支持力度。财政部门和货币机构也需要发挥更大的作用,通过财政资金和货币政策工具支持陶瓷文化创意产业的发展。

为拓宽融资渠道,陶瓷文化创意企业自身需要在股权融资、债券融资等新型融资方式上进行积极探索。同时,陶瓷文化创意企业需要加强自身财务管理,提高自身信用等级,增强获得贷款等金融支持的能力。

推动景德镇陶瓷文化创意产业的发展再上台阶,金融支持是重要保障。政府相关部门、金融机构等需要共同努力,为陶瓷文化创意产业的持续健康发展提供有力保障。

传承与创新景德镇陶瓷文化创意产业发展的核心动力。传统陶瓷文化需要进行创新发展,以适应时代的变化,包括:在陶瓷产品的设计中融入现代理念,研发符合现代审美和需求的陶瓷产品;通过举办陶瓷文化创意大赛、支持独立设计师等措施,鼓励创新思维和跨界合作,推动景德镇陶瓷文化创意产业不断向前发展。

优化陶瓷文化旅游模式是提升陶瓷文化创意产业竞争力的重头戏。景德镇是享誉全球的陶瓷旅游胜地,大批海内外游客慕名前来游览。现有的陶瓷文化旅游模式相对单一,以参观博物馆和工坊为主。要想提升游客体验和满意度,景德镇旅游产品线还需进一步丰富和完善。例如,可以开发陶瓷文化主题线路、举办陶瓷文化节庆活动、推出陶瓷制作体验项目等,使游客能够更加深入地了解和感受景德镇的陶瓷文化魅力。

此外,促进相关产业协同发展对于提升景德镇陶瓷文化创意产业竞争力而言也是必不可少的。景德镇陶瓷文化创意产业应与相关产业深度融合发展,形成产业集聚效应,包括与旅游业、文化艺术业、会展业等行业进行跨界合作,共同打造具有特色的陶瓷文化产业园区或示范区,通过资源共享、优势互补,提升整个产业价值链的竞争力。

加强人才队伍建设是提升景德镇陶瓷文化创意产业竞争力的基础。推动产业发展的核心力量是人才,在创意经济时代背景下,人才的作用更加突出。景德镇需要加大力度培养和引进陶瓷文化创意产业相关领域的专业人才,包括设计师、工艺师、市场营销专家等,通过提供良好的工作条件和生活待遇,吸引更多优秀人才,为景德镇陶瓷文化创意产业发展注入新的活力。同时,景德镇陶瓷文化企业应加强与高校和研究机构的合作,建立产学研一体化的人才培养模式,为景德镇陶瓷文化创意产业的发展提供源源不断的人才支持。

综上所述,提升景德镇陶瓷文化创意产业竞争力需要从传承与创新、优化旅游模式、推动相关产业协同发展、加强人才队伍建设等多个方面入手,通过综合施策,为景德镇陶瓷文化创意产业注入新的活力,进一步提升其在国内外市场上的竞争力和影响力。

第三节　景德镇陶瓷产业转型升级

一、景德镇高科技陶瓷产业

高科技陶瓷具有多种复合物理性能,如耐高温、耐腐蚀、耐磨损、硬度高等,因而广泛应用于航空航天、汽车工业等领域。2023年,景德镇在高科技陶瓷领域取得了显著的进步,约170家企业从事高科技陶瓷的生产。

尽管取得了长足的进步,景德镇的高科技陶瓷产业仍然面临一些挑战,具体表现为以下几个方面。

(1)高科技陶瓷在数量和质量上与传统陶瓷相比仍有较大差距。大部分中小型企业仍将主要精力放在传统陈设艺术陶瓷的生产上,忽视了工业陶瓷所具有的巨大市场潜力——高科技含量、高附加值,这些陶瓷企业的产品结构单一,很难满足市场的多元化需求。

(2)现有高科技陶瓷企业多为中小型企业,产能不大,竞争力不强,市场占有率不高。这些企业缺乏自主知识产权,产品技术含量不高,容易被仿制,也容易被替代,所以在自主知识产权方面,这些企业都存在一定的短板。这不仅限制了这些企业的盈利水平,对整个行业的发展也形成了一定的阻碍。进一步说,政府资金和政策大多向传统陶瓷产业倾斜,造成大部分高科技陶瓷生产企业资金筹措困难,发展受到限制。

(3)产业结构升级缓慢,遭遇发展瓶颈。缺乏足够的资金支持使得高科技陶瓷企业在技术创新、人才培养、市场拓展等方面受到制约,难以实现突破。

以上这些问题,可以从技术创新和金融创新两个角度着手解决。①在技术创新方面,高科技陶瓷企业应加大研发投入,努力提升自主创新能力,通过引进先进技术、与科研单位合作、促进产品的更新换代、培养和引进高素质人才等,来增强核心竞争力。②在金融创新方面，政府应加大对高科技陶瓷企业的支持力度，制定更加优惠的税收政策和资金扶持政策，包括设立专项基金，为有潜力的高科技陶瓷企业提供贷款担保和资金支持，帮助其突破融资瓶颈。技术创新和金融创新的"双轮驱动"，将为景德镇经济发展注入新的活力，促进景德镇高科技陶瓷产业的转型升级，使得景德镇高科技陶瓷产业有望实现更加健康和可持续的发展。

历史上，景德镇陶瓷生产以艺术陶瓷、日用陶瓷为主，从2021年起，景德镇坚持把高科技陶瓷作为产业发展的主攻方向，旨在把产业规模和科技含量提高到领先于全国各产瓷区的水平。2021年以来，景德镇高科技陶瓷产业发展显著，陶瓷企业数量迅速增加，打造陶瓷"双创"平台，以高科技陶瓷为核心的生产基地和创意高地初步形成。在互联网背景下，景德镇高科技陶瓷电子商务发展迅速，成为传统产业的发展新模式，为经济增长带来了新动力。但这样或那样的难题依然摆在景德镇高科技陶瓷产业面前，包括：①产业技术较为落后，智能化发展缓慢，技术水平与国际高科技陶瓷产业先进技术水平差距较大。②创新意识尚显不足，产品缺乏创新，品牌缺乏个性，这些对产品的市场竞争力和消费者的选择会产生一定的影响。③企业缺乏知识产权保护意识，对知识产权、专利等缺乏有效保护。

针对以上发展难题，景德镇高科技陶瓷企业需要采取一定的措施，如加强技术创新、推动智能化发展、提高产品质量和品牌知名度，以实现可持续发展。同时，高科技陶瓷企业应加大知识产权保护力度，提升知识管理水平，以促进整个行业健康持续发展。政府应积极促进高科技陶瓷产业与其他产业的融合发展，推动高科技陶瓷产业的转型和升级。在互联网时代背景下，景德镇高科技陶瓷企业可以利用电商平台进行市场扩张，提升品牌知名度和影响力。

二、景德镇陶瓷产业环境优化

近年来，景德镇的人居环境、生态环境、经商环境等方面都有了明显改善。但是，景德镇在扶持主导产业方面，在经济总量上还有待提高，在能力上还有所欠缺。因此，景德镇需要大力发展工业，尤其是高科技陶瓷产业，推动经济社会高质量发展，以实现"瓷都"人民对美好生活的向往。

首先，景德镇在发展高科技陶瓷产业方面有着一定的资源基础和优势。景德镇有着悠久的陶瓷历史文化和完善的陶瓷产业生态链。如今的景德镇，从原料采集、生产制造到销售，形成了完整的陶瓷产业链，这为高科技陶瓷产业打下了坚实的工业基础。

其次,景德镇拥有较好的工业基础。20世纪60年代,一批"七厂一库"的三线兵工厂——372厂、713厂等在景德镇相继落户,为景德镇工业发展奠定了基础。2023年,景德镇规上高新技术陶瓷企业有67家。这些企业,聚集了一大批专业人才,为高科技陶瓷研发、生产提供了强有力的人才保障。

近年来,景德镇成功引进了一批高科技陶瓷企业,如江丰电子等,并受到国家的重点扶持。这些企业专注于高科技陶瓷产品的研发和生产,如增韧高强防弹陶瓷、半导体用高纯陶瓷等。这些企业的入驻不仅给景德镇带来了先进的生产技术和管理经验,还进一步壮大了景德镇的陶瓷产业集群。

此外,政策扶持也是推动景德镇高科技陶瓷产业发展的重要因素。自国务院批准设立景德镇国家陶瓷文化传承创新试验区以来,中央和省委在政策上给予了很多支持,为景德镇发展高科技陶瓷产业提供了有力保障,尤其是"按照简易办法依照3%征收率计算应纳税额"的政策优势可以吸引全国领先的陶瓷企业来景德镇设立总部、结算中心、研发中心,从而促进高科技陶瓷工业在景德镇的蓬勃发展。

综上所述,一定的资源基础和优势、坚强的人才保障和充足的政策扶持等,是景德镇发展高科技陶瓷产业的重要条件。这个千年古镇通过着力优化营商环境、大力招商引资、加强国际合作交流,来推动高科技陶瓷产业的快速发展。得益于各项措施的落实和政策扶持力度的加大,景德镇有望成为全球高科技陶瓷产业的中心之一,并创造更大的经济效益和社会效益。

三、景德镇陶瓷产业发展新机遇

景德镇陶瓷产业经过多年的发展,已成为一个综合性的产业,集陶瓷生产、销售和文化旅游于一体。然而,景德镇陶瓷产业面临的挑战并不少,在外部环境方面,市场在不断变化,新兴产业也在不断涌现。

随着陶瓷市场的不断扩大,国内外的陶瓷产区都在努力提升品质和品牌影响力,竞争愈发激烈。尽管景德镇陶瓷历史文化悠久,但在市场竞争中,景德镇陶瓷还没有占据绝对优势。仅靠人才资源是难以支撑景德镇陶瓷产业的发展的,然而,自2010年以来,景德镇人才流失的情况却没有得到有效改善。许多优秀的陶瓷技艺传承人流向了其他行业或其他地区,这给景德镇陶瓷产业的发展带来了很大的困扰。景德镇陶瓷产业以传统的手工制作为主,产业结构较为单一,现代化的生产线和先进的生产技术还未得以全面普及。在这样的背景下,要想大幅度提升景德镇陶瓷的生产效率和质量,难度非常大。景德镇拥有丰富的陶瓷文化资源,但在文化创意产业的发展上却略显迟滞。许多传统的陶瓷技艺和品牌缺乏创新和提升,难以满足现代消费者的需求。

为了应对以上挑战,笔者提出以下对策和建议:①加强品牌建设与市场营销。景德镇陶瓷市场竞争激烈,陶瓷企业需要加强品牌建设和市场营销,可以通过加大宣传力度,提高品牌知名度和美誉度,来提升市场竞争能力。同时,陶瓷企业应注重营销创新,开拓销售新模式和新渠道。②培养和引进人才。培养和引进人才是景德镇陶瓷产业发展的关键。政府和陶瓷企业应加大人才培养和引进力度,提供良好的工作环境和生活待遇,吸引更多的优秀人才投身于景德镇陶瓷产业的建设。同时,陶瓷企业应对现有员工加大培训教育力度,使员工的技能水平得到提高。③加快转型升级。景德镇陶瓷产业要在技术创新上下功夫,加快转型升级。陶瓷企业应加大对技术研发的投入,引进现代化生产线和生产工艺,提高生产效率和产品质量。同时,陶瓷企业要注重与科技、艺术等领域的跨界合作,推动整个陶瓷产业的多元化发展。④挖掘陶瓷文化资源,发展文化创意产业。景德镇拥有丰富的陶瓷文化资源,应充分挖掘这些资源,发展文化创意产业。陶瓷企业应加大对文化创意产品和特色产品的开发投入,以满足现代消费需求。同时,陶瓷企业应注重保护和传承传统陶瓷技艺。

"一带一路"倡议为全球文化和贸易交流开辟了新的通道,其中,文化创意产业在此背景下获得了空前的发展机遇。景德镇陶瓷文化创意产业正努力把握这一历史性机遇,凭借其陶瓷的深厚历史文化底蕴和精湛工艺技术,加速走向全球市场。景德镇陶瓷文化创意产业的发展,不仅是对陶瓷产品的创新,还是对传统陶瓷技艺的传承和发扬光大。景德镇陶瓷文化创意产业将传统工艺与现代科技、时尚元素相结合,旨在将更具文化内涵和艺术价值的陶瓷产品提供给全世界的消费者。

在经济全球化的大背景下,各国文化创意产业的发展模式和策略各具特色。例如,丹麦政府在专业知识培训、创业投资基金等方面,大力扶持文化创意产业,为其创造良好的发展环境,这是丹麦文化创意产业得到较好发展的重要原因,使得丹麦的文化创意产业在电影、音乐、互联网或新媒体等领域取得了令人瞩目的发展成就。中国的泉州地区凭借其地理位置优势和改革开放的政策支持,实现了文化创意产业的快速发展。德化作为泉州地区的重要产瓷区,通过探索找到了产业的支撑点和市场突破口,借助科技和智能制造的力量,走出了一条"三级跳"的发展之路。德化陶瓷产业园区的建立,更是填补了当地文化创意陶瓷平台的空白,为陶瓷文化创意产业与旅游产业的融合打下了坚实的基础。

对于景德镇陶瓷文化创意产业来说,未来的发展需要借鉴国外陶瓷产业的成功经验,并结合自身实际情况制定合适的发展战略。这包括但不限于以下几个方面。①增强产品创新力:陶瓷文化创意企业应在传承传统技艺的同时,融入更多现代设计和科技元素,以满足不同消费者的需求。②育才:陶瓷文化创意企业应加强与国内外高校、研究机构的合作,培养具有国际视野和创造性的专门人才。③拓展市场:陶瓷文化创意企业应积极开拓国际市场,把握"一带一路"倡议的契机,加强与沿线国家和地区的经贸、文化往来。④政策扶持:政府应加大对陶瓷文化创意产业的扶持力度,通过提供税收优惠、融资扶持等政策措施,促进产业快速发展。⑤跨界合作:陶瓷文化创意产业应与旅游、教育、科技等行业融合发展,从而实现自身的多元化发展。⑥创品牌:陶瓷文化创意企业应强化景德镇陶瓷的品牌形象,提升景德镇陶瓷的知名度、美誉度及其在国际市场上的竞争力。⑦知识产权保护:陶瓷文化创意企业应加大知识产权保护力度,鼓励创新成果的转化运用,保护自身的合法权益。⑧社会责任:陶瓷文化创意企业应承担一定的社会责任,积极投身于促进行业可持续发展的公益事业。

景德镇陶瓷产业应进一步扩大规模。虽然景德镇有着悠久的制瓷历史和深厚的陶瓷文化底蕴,但在市场经济环境下,其产业规模相对较小,竞争力较弱。因此,陶瓷企业需要加大投入,提升产品的品质和附加值,扩大规模,提升竞争力。

景德镇需要深度挖掘和利用陶瓷文化资源。景德镇拥有丰富的陶瓷文化遗存和传统工艺技术,这些都是景德镇陶瓷产业的核心竞争力所在。因此,政府和陶瓷企业应加大对陶瓷文化资源的保护和传承力度,通过创新和技术改造,推动陶瓷文化产业的发展。

景德镇的人才、产业配套有待加强。尽管景德镇的陶瓷文化资源丰富,产业基础雄厚,但一直以来,制约其陶瓷产业发展的关键因素就是人才匮乏。因此,政府和陶瓷企业应加大对人才培养和引进的力度,通过提高人才的素质和技能水平,推动陶瓷产业的转型升级。

在市场经济环境下,决定企业成败的关键因素是品牌建设和营销渠道。因此,景德镇应加强品牌建设和拓展营销渠道,通过提高品牌知名度和美誉度,提升消费者对景德镇陶瓷的认知度和信任度。同时,政府和陶瓷企业应加大对景德镇陶瓷的宣传力度,通过各种渠道向国内外推介景德镇陶瓷,提高其国际知名度和影响力。

　　景德镇陶瓷文化创意产业因"一带一路"倡议而获得前所未有的发展机遇。通过借鉴国际成功经验、制定合适的发展战略、加强人才培养、进行市场拓展等措施,景德镇陶瓷有望在未来的全球化竞争中取得更大的成功。这不仅对传承和发展中华优秀传统文化具有推动作用,还将对世界文化和经济的发展产生了不可忽视的促进作用。

参 考 文 献

[1] 代梦玲. 基于产业竞争情报的云南省钛合金材料产业竞争策略研究[D]. 昆明: 云南大学, 2021.

[2] 付志伟. 江西省陶瓷产业发展政策研究[D]. 南昌: 南昌大学, 2019.

[3] 傅梦楠. 宜兴陶瓷特色文化产业发展中的政府职能研究[D]. 徐州: 中国矿业大学, 2019.

[4] 曹嘉琪. 陶瓷产业空间集聚演化特征及其驱动因素研究[D]. 景德镇: 景德镇陶瓷大学, 2023.

[5] 韩海娟. 株洲硬质合金碳化钨产业专利竞争情报分析[D]. 景德镇: 景德镇陶瓷大学, 2023.

[6] 李源. 淄博陶瓷企业竞争力的SWOT分析及质检手段提升策略[D]. 济南: 山东大学, 2013.

[7] 林真真. 晋江陶瓷产业发展策略研究[D]. 厦门: 华侨大学, 2018.

[8] 刘俊卿. 基于产业竞争情报的云南省竹产业发展方向选择研究[D]. 昆明: 云南大学, 2015.

[9] 刘帅. 安徽省战略性新兴产业竞争情报服务模式研究[D]. 蚌埠: 安徽财经大学, 2017.

[10] 刘晓艳. 佛山陶瓷产业区域品牌提升对策研究[D]. 南昌: 江西师范大学, 2020.

[11] 刘永涛. 协同视角下的竞争情报联盟构建及其运行机制研究[D]. 长春: 吉林大学, 2014.

[12] 钟世彬. 基于产业竞争情报的云南锡金属产业竞争策略研究[D]. 昆明: 云南大学, 2022.

[13] 赵波. 陶瓷产业集群竞争力评价比较研究[D]. 成都: 西南交通大学, 2014.

[14] 郑惠中. 竞争情报在我国房地产业应用研究[D]. 哈尔滨: 黑龙江大学, 2016.

[15] 王尧. 景德镇市陶瓷文化创意市场的政策影响研究[D]. 景德镇: 景德镇陶瓷大学, 2021.

[16] 王继娜. 基于创新能力建设的地方支柱产业竞争情报系统研究[D]. 郑州: 郑州大学, 2009.

[17] 史蕾. 唐山市陶瓷产业竞争力研究[D]. 南宁: 广西师范学院, 2018.

[18] 申含笑. 专利视角下LED封装产业PEST分析及对策研究[D]. 景德镇: 景德镇陶瓷大学, 2023.

[19] Capinzaiki L S O, Pomim L M V, Elaine M. A Competitive Intelligence Model Based on Information Literacy: Organizational Competitiveness in the Context of the 4th Industrial Revolution[J]. Journal of Intelligence Studies in Business, 2019(3).

[20] 2020年1—10月我国陶瓷砖进出口数据分析[J]. 江西建材, 2020(12).

[21] 保罗·桑蒂利, 顾洁. 颠覆性环境下实现产业增长的竞争情报模型: 情报战略家的兴起[J]. 竞争情报, 2023(5).

[22] 卜焕林. 面向地方战略性新兴产业的竞争情报服务平台研究——以扬州市LED产业为例[J]. 甘肃科技纵横, 2016(12).

[23] 曹明帅, 支凤稳, 马小琪. 我国产业竞争情报研究现状与展望[J]. 图书情报导刊, 2022(12).

[24] 曾昕妍, 杨英, 陈思颖, 等. "互联网+"视域下醴陵陶瓷高质量发展路径探究[J]. 佛山陶瓷, 2023(5).

[25] 陈爱娟, 刘可春, 黄惠. "一带一路"战略下潮州陶瓷产业价值链增值模式研究[J]. 中国陶瓷, 2017(7).

[26] 陈诞. 陶瓷之路——"宝历风物"珍品展再现海上贸易盛况[J]. 上海艺术评论, 2020(6).

[27] 陈峰, 胡逸成. 产业竞争情报源评价研究[J]. 情报杂志, 2015(9).

[28] 陈峰. 产业竞争情报理论方法研究综述[J]. 情报理论与实践, 2014(10).

[29] 陈琦灵, 龚先政, 刘宇. 建筑陶瓷水足迹研究[J]. 中国建材科技, 2023(6).

[30] 高畅, 申红艳, 李楠欣. 试析产业竞争情报在产业风险预警中的应用[J]. 管理观察, 2015(6).

[31] 高志豪,郑荣,魏明珠,等.多源数据环境下产业竞争情报智慧服务平台构建研究——以"三元世界"和CPSS理论为基础[J].情报学报,2023(7).

[32] 郭建芳.中国陶瓷出口现状、国际竞争力水平与产业转型思考[J].价格月刊,2017(9).

[33] 韩玺,王翠萍.国家竞争情报体系构建研究[J].情报杂志,2006(9).

[34] 怀康,綦璇.淄博陶瓷研究综述[J].山东陶瓷,2023(1).

[35] 黄亦辉,丁晓东,阳亮.有色金属产业竞争情报服务的实践与思考[J].企业技术开发,2019(3).

[36] 江苏省宜兴市丁蜀镇.依托特色 做大优势 积极推动丁蜀经济社会全面发展[J].小城镇建设,2016(11).

[37] 金泳锋.中国矿用风机产业技术竞争态势研究——基于专利的视角[J].情报杂志,2015(1).

[38] 李丽梅,吴新年.产业竞争情报服务模式演化分析[J].图书情报工作,2016(23).

[39] 李宇.浅论我国对外贸易增长中的问题及向贸易强国目标迈进的政策思路[J].民营科技,2008(12).

[40] 彭靖里,邓艺,刘建中,等.国内外竞争情报产业的发展与研究述评[J].情报理论与实践,2005(4).

[41] 申红艳,侯元元,付宏,等.政府主导的区域战略性新兴产业风险评估方法研究——基于产业竞争情报视角[J].情报杂志,2016(6).

[42] 苏丽群,蔡吴玮.数字化助力乡村产业升级的路径——以德化陶瓷产业为例[J].海峡科技与产业,2023(3).

[43] 陶瓷行业要事.江苏陶瓷[J],2023(2).

[44] 王涵.2006年上半年我国居民消费价格指数的变动及其影响因素分析[J].科技经济市场,2006(12).

[45] 王娟娟,陈峰.基于生产理论的产业竞争情报需求模型研究[J].情报杂志,2013(1).

[46] 王立荣.陶瓷企业竞争情报的收集与管理[J].佛山陶瓷,2002(6).

[47] 王欣.我国陶瓷产业现状及发展趋势[J].山东陶瓷,2022(6).

[48] 闻名于世的西班牙陶瓷业[J].上海建材,2002(2).

[49] 西欧的陶瓷工业(西德、英国、意大利、法国陶瓷工业概观)[J].江苏陶瓷,

1984(2).

[50] 谢润梅,陈峰.在线教育企业基于竞争态势分析制定竞争战略研究——以A企业为例[J].情报杂志,2016(5).

[51] 徐凯.浅谈陶瓷行业未来发展趋势[J].中国民族博览,2018(10).

[52] 张力,吴敏纲,李昱.基于Web信息抽取的陶瓷企业竞争情报系统的开发[J].信息与电脑(理论版),2017(9).

[53] 张立超,房俊民,高士雷.产业竞争情报的内涵、意义及范畴界定[J].情报杂志,2010(6).

[54] 张萍,班锦.浅谈价值论视角下的GDP增长与经济发展[J].才智,2011(20).

[55] 郑荣,王晓宇,高志豪,等.数智驱动背景下产业竞争情报智慧服务的认知框架与实现逻辑[J].情报学报,2023(7).

[56] 郑荣,魏明珠,王晓宇,等.多源数据驱动下产业竞争情报智慧服务机制研究——基于扎根理论的探索性分析[J].情报学报,2023(7).

[57] 郑彦宁,赵筱媛,陈峰,等.产业竞争情报的基本问题:内涵、特征及其多元化供给[J].情报理论与实践,2011(3).

[58] 赵洪斌.论产业竞争力——一个理论综述[J].当代财经,2004(12).

[59] 景德镇市统计局 国家统计局景德镇调查队.景德镇统计年鉴[M].北京:中国统计出版社,2022.

[60] 左和平,黄速建.中国陶瓷产业发展报告(2016)[M].北京:社会科学文献出版社,2016.

[61] 左和平.中国陶瓷产业国际竞争力研究[M].北京:中国社会科学出版社,2012.

[62] 李欣蔚.互联网时代下的财务管理创新研究[M].北京:中国纺织出版社,2023.

[63] 李欣蔚,韩静.政产学研协同创新视角下景德镇高技术陶瓷产业发展问题探讨[J].中国陶瓷工业,2016(6).

[64] 李欣蔚,杨瑶红.景德镇艺术陶瓷产业税收现状及应对分析[J].中国陶瓷工业,2019(2).

[65] 李欣蔚,张帆.景德镇御窑遗址保护对策研究[J].遗产与保护研究,2016(7).

[66] 李欣蔚,张帆.浅析景德镇艺术陶瓷的特色与竞争力[J].中国陶瓷工业,2018(6).

[67] 李欣蔚.基于钻石理论的景德镇陶瓷产业竞争力分析[J].品牌研究,2020(7).

[68] 李欣蔚.景德镇艺术陶瓷产业发展战略研究[J].景德镇学院学报,2018(10).

[69] 李欣蔚.艺术陶瓷产业税收征管的路径选择[J].中国陶瓷工业,2015(6).

[70] 李欣蔚.影响我国会计准则国际趋同的因素分析[J].理论导报,2014(11).